学校体育与健康课程教学实践研究

以耐久跑为例

苏礼屏 / 著

中国文联出版社

图书在版编目（CIP）数据

学校体育与健康课程教学实践研究：以耐久跑为例 / 苏礼屏著. — 北京：中国文联出版社，2022.12
ISBN 978-7-5190-5052-8

Ⅰ. ①学… Ⅱ. ①苏… Ⅲ. ①体育课—教学研究—初中—文集②健康教育—教学研究—初中—文集 Ⅳ. ①G633.962-53

中国国家版本馆CIP数据核字（2023）第005688号

著　　者　苏礼屏
责任编辑　刘　旭
责任校对　秀点校对
装帧设计　刘贝贝　李　娜

出版发行　中国文联出版社有限公司
社　　址　北京市朝阳区农展馆南里10号　　邮编　100125
电　　话　010-85923025（发行部）　010-85923091（总编室）
经　　销　全国新华书店等
印　　刷　北京四海锦诚印刷技术有限公司

开　　本　710毫米×1000毫米　　1/16
印　　张　13.25
字　　数　204千字
版　　次　2022年12月第1版第1次印刷
定　　价　58.00元

序一

你今天跑步了吗

近几年来，潮州市高级实验学校体育组坚守教育理想，研究制定“着眼三年，培养兴趣，养成习惯；改进教学，科学训练，强健体魄”的体育教学训练思路，突出游戏教学、趣味教学，结合校本特色项目，致力培养学生体育兴趣、养成锻炼习惯。同时，学校在日常耐久跑教学的基础上引“跑操”进校园，让“耐久跑+励志跑操”成为学校体育及校园文化的重要组成部分，成为立德树人的重要载体，并取得了良好的效果。近几年，潮州市高级实验学校校园体育开展有声有色，深受学生欢迎。学校运动场成为学生最喜欢的活动场所；跑步、跳绳等项目成为学生最热门的体锻运动项目。2020年中考，潮州市高级实验学校体育总平均分达87.8分，居全考区第二名。2020年11月，潮州市高级实验学校代表潮州市接受广东南方卫视专题采访，介绍推广学校体育工作经验“体育教学既面向中考，又培养学生锻炼习惯”。

近期，体育组在特级教师苏礼屏老师组织带领下，结合学校实际，整合资源，开发课程，撰写了本书。本书的诞生，为开展耐久跑教学与训练，量身定制了一套科学训练、循序渐进、适配校情学情的训练方案。这是对体育组长期课改实践、备考创新优秀经验的一次新整理、新提炼，一次新总结、新提升，也是“高实”两代体育人精诚团结、薪火相传、改革创新的团队智慧结晶、集体科研成果！祝贺体育组，感谢体育组！我们相信，这本书将为潮州市高级实验学校推进耐久跑教学、推进体育课改，注入新的动力和活力。

世界上几乎所有的健身专家都认为，跑步对人类而言是价值最高的健身活动项目。2500多年前，在古希腊埃拉多斯山岩上刻着三句名言："如果你想强壮，跑步吧！如果你想健美，跑步吧！如果你想聪明，跑步吧！"至今，这几句话仍是那样铿锵有力，那样催人奋进！站在今天的校园时空，阳光体育、快乐运动、拥抱健康，已成为我们对体育的新的价值观。"我体育，我快乐！我运动，我快乐！"已经成为很多同学的生活格言！相信你一旦尝到跑步的甜头，久而久之，就能提高对跑步的兴趣，变"要我跑"为"我要跑"，逐渐养成受益终身的良好运动习惯。

今天，你跑步了吗？希望你的回答是肯定的。

潮州市高级实验学校校长　洪蔚峰

2021年3月

序 二

耐久跑对初中阶段学生身心健康的作用

耐久跑是初中体育的主要教学内容之一，是一项强度较大的运动项目。它能锻炼学生持久奔跑的能力和速度耐力；改善学生呼吸系统和心血管系统功能；培养学生刻苦耐劳的意志品质和顽强坚毅的心理素质。所以，耐久跑不管是否被列为中考的必考项目，都是提高学生身心综合素质的一种极为重要的训练项目。

由于主、客观等各种原因，小学阶段的体育教学在学生耐力练习和培养方面较为薄弱，以致初中生对耐久跑的练习一开始常存在惧怕的心理，大多数学生都不会积极去进行这项锻炼。而初中阶段，如果在耐久跑的教学中采取简单、枯燥的教学手段，甚至用中考必考为理由强制学生一味重复去跑，学生便会出现抑制、厌烦等不愉快或其他不该出现的问题。

潮州市高级实验学校在耐久跑的教学中，学校领导与体育组教师齐抓共管，勤研讨、多总结，积累了一定耐久跑教学的经验和科学有效的训练方法。他们从教学到教研，从课内到课外，不断地摸索、尝试，改革、创新，使学生于快乐之中学习耐久跑，变“要我跑”为“我要跑”“我喜欢跑”。学生不但不惧怕耐久跑的练习，而且绝大部分的学生喜爱上耐久跑锻炼方法，积极主动参与锻炼。

现在，潮州市高级实验学校将十多年来所积累的经验以及教学方法总结汇总，集撰成书，对初中阶段耐久跑教学有着指导性的作用，对全面培养初中学段学生的体质有着积极的意义和借鉴的作用。

体育中学高级教师　蓝　鹏

2021年5月

前言

耐久跑是初中《体育与健康》课程的主要教学内容，它是典型的周期性运动项目，重点是发展学生的有氧代谢能力。由于该运动比较单调枯燥，所以教师在耐久跑教学中应该善于运用调动学生学练兴趣的方法和手段，以提高学生学习耐久跑的积极性，并逐步养成自觉锻炼身体的好习惯，同时培养学生克服困难、吃苦耐劳的意志品质。成功主要取决于你对所追求目标的坚定信念和持久努力，耐久跑正是对你这方面的锻炼。

潮州市高级实验学校自2005年9月创办以来，学校一直重视学生的体质问题，想方设法地提高学生的健康水平。在开展“一校一品”“一校多品”的体育教学中，我们把耐久跑作为“校本特色”项目开展，积极探索耐久跑教学方法、练习方法和练习手段等，努力变枯燥的耐久跑练习为快乐的运动项目。同时开展各项耐久跑活动和竞赛，以赛促练，以练带赛。

在开展耐久跑教学中，根据十几年的教学经验积累，我们编写了初中三个学年的耐久跑主要教学内容，以便三个年级较科学、较系统地上好耐久跑课。

在课外活动中，我们引入日常大课间励志跑操特色项目、开展冬春季长跑健身活动和各项竞赛，通过形式多样、有声有色的系列活动，动员全校师生参与长跑健身活动，促进师生身心健康，增强体质，提高健康水平。同时开展课题研究，积累经验，撰写相关论文，收集资料，总合之后汇编成《学校体育与健康课程教学实践研究——以耐久跑为例》。

本书由我负责编写。由于编写过程比较仓促，存在很多不足之处，有待进一步改进。欢迎批评指正。

苏礼屏

2021年8月

目录

CONTENTS

教学篇

活动篇

竞 赛 篇

课 题 篇

论 文 篇

思 考 篇

附 录 学生心得体会

教学篇

田径运动起源于人类的生存和生产劳动的过程，是人体基本活动能力的体现，随着人类的进化和社会的发展，人们逐步将走跑、跳跃、投掷等生产生活的技能，发展成为运动技能并形成运动项目。田径运动是比速度、比高度、比远度和比耐力的体能项目。要求在很短的时间内表现出最大的速度和力量或要求人体在较长的时间内表现出最大的耐力，“更高、更快、更强”的奥林匹克运动精神在很多方面都能够通过田径运动得到集中体现。

田径运动项目是各项运动的基础，它对于发展人体的基本活动能力、全面提高身体素质，增强学生体质，具有积极的作用。田径运动作为学校体育教材已有近百年的历史，在体育教育过程中是锻炼学生身体、全面发展学生的身体素质和对学生进行意志品质教育的有效手段。而耐久跑教学是田径教学的主要内容之一，也是初中阶段《体育与健康》课程必学的关键内容。

一、耐久跑教材的内容价值

耐久跑是典型的周期性耐力项目，需要长时间连续的肌肉活动。它一方面要求尽量减少能量的消耗，维持一定的跑速，另一方面要求在全程跑中能根据比赛的情况具有加速跑的能力。长期从事耐久跑运动有助于提高呼吸系统和心血管系统机能，提高心脏供血能力，促进心脏、肺等血液循环和呼吸系统的发展，提高有氧代谢能力，还有助于降低血液中胆固醇含量。同时对增强体能，培养人克服困难、吃苦耐劳的意志品质具有积极作用。

二、耐久跑的教材设计思路

耐久跑为初中田径主要教学内容，重点发展学生的有氧代谢能力。在耐久跑的教学中教师应该注重技术教学，帮助学生掌握正确的呼吸方法和呼吸节奏，并能使两者密切配合，做到两三步一呼，两三步一吸。由于该项运动比较单调枯燥，教师在耐久跑的教学中应该善于运用调动学生学练兴趣的方法和手段，并加强对学生的教育，培养学生勇敢、顽强、吃苦耐劳和勇于拼搏的精神。

三、耐久跑教材搭配建议

在耐久跑的教学中，教师可利用各种跑的专项练习促进学生掌握正确的跑的技术，利用各种自然条件的场地、路线安排较长距离的跑以发展学生的耐力，教师还可以根据教学实际安排时间较长的球类项目的比赛发展学生跑的能力，也可安排规定距离的跑、集体跑、分组跑的方法开展基础性的教学活动。耐久跑的教学相对比较枯燥，教师可结合实际安排一些趣味性比较强，容易提高学生兴趣的练习项目，如障碍跑、游戏等，调动学生的积极性，促进学生参与锻炼的主动性，提高教学实效。

教师可以在学生的技术和耐力素质有了一定提高的情况下，组织学生进行教学测验考核、比赛等，提高学生耐久跑的成绩和运动水平。

四、耐久跑的教学目标

1. 通过耐久跑的教学，使学生对耐久跑的运动特点及其锻炼价值有比较清楚的认识，培养正确的运动价值观。

2. 通过耐久跑的教学，使学生掌握正确技术动作，知道在耐久跑学练中运用合理的呼吸方法和呼吸节奏，提高耐久跑运动能力，发展体能，提高有氧代谢能力，增进心肺功能。

3. 通过耐久跑的教学，培养学生勇敢、顽强、吃苦耐劳和勇于拼搏的精神，使学生能够积极参与体育锻炼，并达到自己的锻炼目标。

五、耐久跑的动作方法

（一）耐久跑起跑的动作要领

采用站立式起跑。当听到“各就位”的口令时练习者先做一两次深呼吸，然后走到或慢跑到起跑线后，两脚前后开立，有力脚放在前面，另一脚放在后面，两脚尖前后之间距离两脚、左右间隔半脚，两腿弯曲，上体前倾，身体重心在前脚上，后脚前脚掌着地。前脚异侧臂自然下垂，同侧臂置于体侧稍后伸，眼睛看前下方3—5米处，颈部放松。整个身体保持稳定，集中注意听枪声或口令。当听到枪声或口令时，两腿用力蹬地，后腿迅速前摆，两臂配合两腿做快速有力的摆动，使身体快速向前冲出。

（二）耐久跑途中跑的动作要领

上体正直或稍向前倾，自然放松。两手半握拳，肘关节屈约90度角，以肩关节为轴前后自然摆动。弯道跑右臂摆幅向前大一些，向后小一些，左臂靠近身体前后摆动，摆幅向前小一些，向后大一些。支撑腿髋、膝、踝充分蹬伸，最后以脚趾蹬离地面；前摆时以大腿带动小腿并随髋积极向前上方摆动，小腿放松与大腿自然折叠，步幅稍小、轻快有节奏；保持较高而平稳的重心；呼吸有节奏且要加大深度。

（三）耐久跑终点跑的动作要领

耐久跑终点跑的动作基本接近于快速跑，要求动员全身力量，加强摆臂、摆腿与后蹬，坚持冲过终点。

六、动作要点

动作自然，两臂两腿蹬摆协调配合，步频较快，步伐均匀，跑步的节奏稳定，能合理分配体力。

七、耐久跑教材的重难点

教材重点：途中跑，耐久跑的呼吸与步伐节奏的合理配合。

教材难点：合理分配体力。

八、耐久跑的教学建议

1. 耐久跑的教学相对来讲比较单调、枯燥，教师在安排中长跑的教学过程中，首先应该做好学生思想动员工作，了解学生的体能和心理状况。教师应先对学生进行基础测试，并根据教学的需要制订合理的教学目标，选择合理的教学策略，安排合理的练习方法。可以根据学生的身体条件按体能分组，在安排练习时可根据学生实际安排不同的运动强度。

2. 教师在教学过程中应尽量采用提高学生兴趣的练习方式，如追逐跑、图形跑及利用各种地形的跑；教师可以在技术教学中，运用各种跑的专项练习促进学生在掌握技术的同时发展学生的耐力素质；教师还可以采用集体学习、分组练习等多种方式进行教学，以提高课堂教学的练习密度。另外，教师还可根据教学的进程安排分组的竞赛。

3. 教师应抓住耐久跑呼吸这个重点环节开展教学研究活动，帮助学生了解“极点”现象及其原因，从而引导学生学会科学锻炼的方法和正确的运动技术，使学生掌握呼吸方法、节奏和步伐的合理配合。

4. 在教学过程中教师应该及时发现和纠正错误动作；教师在教学中要合理运用比赛和游戏的方法提高学生的兴趣，并逐步提高跑的距离和跑的强度，同时要注重控制好练习的密度和强度并加强安全教育。

5. 在指导学生学习时，教师应该充分利用教科书让学生学习、了解有关中长跑对发展身体的作用，辅导学生学习教科书中有关中长跑的知识；教师可根据教学的需要指导学生通过媒体了解中长跑的一些信息，使学生通过网络自主查阅有关知识和信息。

6. 耐久跑学法指导。

（1）观察中长跑途中跑技术图解或示范动作。

（2）试着说出中长跑途中跑动作方法及要点。

（3）在慢跑中体会正确的呼吸方法与跑的节奏的配合。

（4）注意观察同伴呼吸方法和节奏，相互提醒。

（5）在反复跑时确定适合自己跑的节奏。

（6）在全程跑练习中体会如何分配体力。

（7）在比赛中学会合理地运用跑的战术。

九、耐久跑易犯错误与纠正方法

（一）身体重心不稳定

纠正方法：

（1）通过讲解、示范、个别指导，使学生明确跑时身体重心平稳，才能更好地节省体力。

（2）反复进行途中跑技术练习，要求跑的时候头和上体基本正直，大腿的前摆、后摆及摆臂的动作稍小，跑的步幅也稍小，努力控制自己的身体，使其平稳。

（二）跑的节奏性差，全程体力分配不当

纠正方法：

（1）通过讲解、示范以及分段跑的反复练习，培养运动感觉和跑的节奏性。

（2）帮助学生分析本人的技术特点及运动水平，确定较为合理的全程体力分配计划并通过反复的分段跑和全程跑练习加深体会，巩固提高全程跑水平。

（三）呼吸方法不正确，节奏不合理

纠正方法：

（1）通过讲解、示范、个别指导，明确正确的呼吸方法和节奏及其对节省体力的必要性和重要性，结合练习让学生体会在全程跑呼吸与跑节奏配合时身体的感受。

（2）在全程跑练习过程中，要不时地提示学生注意呼吸的方法和节奏。

（四）动作不放松

纠正方法：

（1）通过讲解、示范、个别指导等，明确中长跑中由于跑的时间较长，距离较远，因而全身肌肉需适度放松，上下肢协调配合，跑动才能轻松、自然，节省体力。

（2）进行上体正直的慢跑、中速跑及反复跑练习，进一步培养跑的节奏感和身体放松的感觉，并与有节奏的呼吸相配合，保持动作的放松。

十、耐久跑教学中采用的技术练习方法

耐久跑的技术练习主要与大量跑的素质练习结合在一起，必须在教学过程中强调跑的正确技术，并通过各种跑的练习来提高跑的能力，掌握跑的节奏。

（一）走跑交替练习

走跑交替运动能提高学生兴趣，让学生感到新奇，练习不觉疲劳。一是按教师信号，如口令、掌声、哨声做跑与走的交替练习；二是做各种蛇形跑、对角线跑、“8”字跑等跑与走的交替练习；三是分队走跑交替，如男生跑、女生走，男生走、女生跑；四是定距离的跑与走的交替练习，如绕足球场的边线跑和底线走，绕田径场的直道跑和弯道走。

（二）匀速慢跑练习

主要是体会轻松协调跑的动作和有节奏的呼吸方法，在跑中可采用呼气时齐声喊“一、二”的方式，直到跑完全程。

（三）轮流领先跑练习

10—12人一组，全组在慢跑中，由排尾的学生开始，用稍快的速度跑至排头后，排尾第二人又向排头跑去，依次轮流做领先跑练习。

（四）结队跑练习

把学生分成几个组，先让学生自己讨论跑的方法，然后按规定的距离，全组协调一致地跑完全程，以全组先到者获胜。

（五）同伴跑练习

2—3人一组，速度节奏保持一致，并互相帮助，如速度快的学生要注意照顾跑得慢的学生，并对他们加以鼓励。

（六）图形跑练习

运用各种图形，让学生围绕变换行进路线做各种图形跑，如蛇形跑、螺旋形跑、五角星形跑、梅花形跑、对角线跑、“8”字跑等，使学生感到有新意，练习情绪高。

（七）往返跑练习

如在50米和100米直道上，在起点起跑，绕过设在终点的标志物，连续往返跑几次为一组，每组间休息30秒，跑完规定的组数。

（八）定时跑练习

用均匀的速度跑完规定的时间，能使学生主动掌握跑速，合理分配体力。可采用定时定距离跑，如八年级男生用5分钟跑完1000米，女生用4分30秒跑完800米，也可采用定时不定距离跑，在规定时间内，看谁跑的距离最长。

（九）变速跑练习

快跑与慢跑交替，快跑段用中等或较快的速度进行。可进行等距离变速跑，如100米快、100米慢或直道快、弯道慢，也可进行不等距离变速跑。如50米快、100米慢或200米快、100米慢，还可进行递增或递减距离变速跑，如100米+200米+300米快跑，或300米+200米+100米快跑。

（十）重复跑练习

1. 用全程跑时二分之一或三分之一的速度跑规定的距离，每跑一次休息3—5分钟。

2. 等距离重复跑，如跑3个300米。

3. 不等距离重复跑，如跑三次分别是400米、300米、200米。

重复跑还可以根据教学的需要采用匀速重复跑、变速重复跑等方式来进行。

十一、耐久跑技术教学应注意的问题

1. 在途中跑技术教学时，教师应注意学生对中长跑技术主要环节的掌握。

2. 改进提高中长跑技术时，教师首先要鼓励学生克服困难，全力以赴进行练习。还应从学生的实际出发，区别对待，掌握好运动量。鼓励学生在“极点”出现时，应积极调整跑速和呼吸，以顽强的意志来战胜它。

3. 全程跑教学时，除了要求技术动作必须正确外，还要特别强调跑的协调放松、平稳和跑的节奏性，并可采用分段报时的方法来培养学生的速度感。

4. 对学战术意识的培养，包括全程体力分配、起跑后的加速跑及途中跑的领先跑、跟随跑、超越对手和终点冲刺的时机等。

七至九年级耐久跑教学设计

在耐久跑教学内容的安排上，七年级是基础阶段，以培养学生兴趣为主，八年级是提高阶段，九年级是潜能发掘阶段。

（一）七年级的教学全学年安排14个课时，上下半学期各7个课时

七年级的学生由小学刚步入中学是提高身体素质、学习运动技能的重要时期，小学阶段的田径教学内容主要是以游戏和活动的方式来学习一些田径运动基本技术，进入中学阶段要逐渐增加技术上的要求，所以在安排七年级田径教学的内容上，根据学生的年龄特点和田径运动发展身体和技术方面的要求，整个教学主要以游戏跑为主，通过集体游戏跑教学，增强学生对学习耐久跑的乐趣，发展学生的一般耐力素质。同时教学过程中结合耐久跑的技术动作，让学生初步掌握耐久跑的技术要领和技术动作，发展学生的技能，使学生慢慢学会“两三步一呼，两三步一吸”的呼吸方法和呼吸节奏，并能在“极点”出现时采取一定的解决措施和预防的方法。

（二）八年级的教学全学年安排14个课时，上下半学期各7个课时

学生在七年级掌握了一定的耐久跑基本知识和技术技能的基础上，主要以发展学生的有氧代谢为主，利用学校的有利条件，进行校园自然地形跑、定向跑等练习，让学生进一步掌握“两三步一呼，两三步一吸”的呼吸方法和呼吸节奏，跑得轻松、跑得愉快。同时培养学生勇敢顽强、吃苦耐劳和勇于拼搏的良好品质。

（三）九年级的教学全学年安排15个课时，上半学期8个课时，下半学期7个课时

上半学期以发展学生体能的练习为主，下半学期主要以速度耐力为主，充分利用学校的场地器材，以轻杠铃的力量练习和重复跑为主要练习手段，如：轻杠铃的深蹲、分层次杠铃的半蹲和50米、100米、150米、200米的重复跑等练习，发展学生的力量和速度耐力素质，提高学生耐久跑能力和整体身体素质，同时教给学生一些耐久跑的竞赛规则，以使学生有更好地应对中考体育临场测试的能力。最终达到全面发展学生身心素质的教学目标。

七年级耐久跑教学计划

（上半学期）

课时	主要教学内容
7–1	1.游戏："叫号跑"。 2.班级团队跑操（方阵）
7–2	1.游戏：三五成群。 2.游戏跑："螺旋形"跑
7–3	1.体能练习：深蹲、弓步交换跳、立卧撑等各2—3组。 2.集体跑：匀速跑1200—1500米
7–4	1.游戏："兔子舞"。 2.游戏跑：运球跑（绕两个篮球场，由慢到快）
7–5	1.手臂力量协调练习：平面支撑单臂交换练习、摆臂等。 2.游戏跑：跳绳跑
7–6	1.站立式起跑练习。 2.限时跑10分钟
7–7	考核

第1课时

教学目标	1.通过游戏教学，提高学生的反应、灵敏、协调等身体素质，培养学生的体育兴趣。 2.班级团队方阵跑操教学，发展学生的耐力素质，让学生初步掌握耐久跑呼吸协调能力。 3.锻炼学生的自信、果断个性，培养学生的集体主义精神和爱国情怀

续 表

教学内容	1.游戏：“叫号跑”。 2.班级团队跑操	
重点难点	重点：形成班级方阵跑进。 难点：跑操时步调一致	
教法措施	1.教师讲解提问、启发、引导，发挥学生的想象力，示范。 2.安全教育。 3.游戏：“叫号跑”。如图a： （1）四路纵队体操队形站立。各队报数后记住自己的号数，被叫到号数的同学迅速向右上方跑进，逆时针绕队伍跑一圈回到自己站位，先到为胜。 （2）变换叫号方式做（1）练习，如采用数字的加减乘除等。 （3）学生原地小步跑，做（1）练习。 （4）学生原地后踢腿跑，做（1）练习。 （5）教师口令、哨声指挥，语言提示学生。 4.班级团队跑操：跑操是“高实”一大课间传统项目，通过班集体的跑操训练，锻炼学生的耐力、速度素质，掌握基本的跑步节奏和协调呼吸能力。如图b： 方法：每班分成6排，第排8人左右，1—2人领跑，形成班级方阵进行练习。200米、400米、600米各一组。 5.小结、点评 	图a 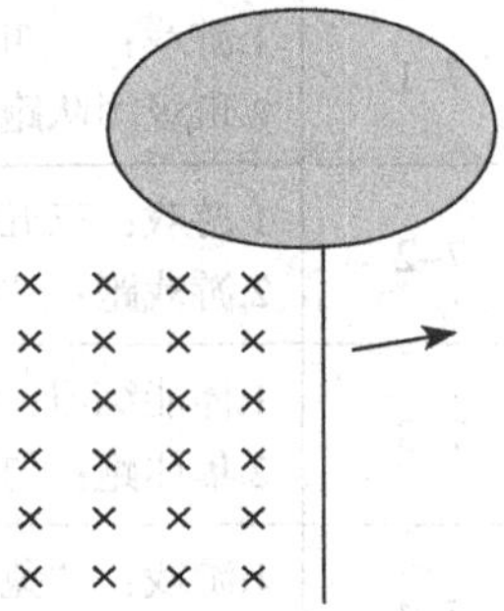 图b
场地器材	田径场	

第2课时

教学目标	1.通过游戏教学，提高学生的反应、灵敏、协调等身体素质，培养学生的体育兴趣。 2.通过游戏跑“螺旋形”跑，发展学生的耐力素质，在兴趣活动中锻炼心肺功能，同时让学生学会调节呼吸、进一步掌握耐久跑的呼吸节奏。 3.培养学生热爱集体、团结同学的优良品质，同时发掘培养体育骨干，服务班集体

续表

教学内容	1.游戏：三五成群。 2.游戏跑："螺旋形"跑	
重点难点	重点：领跑同学的主导作用。 难点：全体同学的路线清晰	
教法措施	1.教师讲解、示范，师生互动；讲明注意事项，语言引导、提示。 2.安全教育。 3.游戏：三五成群。 方法：学生一路纵队跑进，按老师喊出的数字"成群"，不到数或超出数的则为失败，做深蹲5个和俯卧撑3个。老师不断变换喊数字方式。 4.游戏跑："螺旋形"跑。 方法：按图a方法进行，老师领跑1—2次，然后由体育骨干领跑3—4次。 要求：一人紧跟一人，尽量不掉队，同学之间互相提醒，注意转弯跑出时的速度和间距。 5.小结、点评	图a
场地器材	篮球场：2个 路标筒：4个	

第3课时

教学目标	1.通过体能练习，提高学生的弹跳、协调、上肢力量等整体身体素质。 2.通过匀速跑练习，让学生初步掌握"两三步一呼，两三步一吸"的耐久跑呼吸方法，发展学生的耐久跑能力。 3.培养学生吃苦耐劳、敢于拼搏等优良品德	
教学内容	1.体能练习。 2.匀速跑：1200—1500米	
重点难点	重点："两三步一呼，两三步一吸"的耐久跑呼吸方法。 难点：呼吸、摆臂的协调	
教法措施	1.教师讲解、示范，师生互动；讲明注意事项，语言引导、提示。 2.安全教育。 3.体能练习：深蹲、弓步交换跳、立卧撑、后踢腿跑各2组，如图a	× 图a

续 表

<table>
<tr><td>教法措施</td><td>4.匀速跑练习：
（1）按图a队形进行原地慢跑，初步体会“两三步一呼，两三步一吸”的耐久跑呼吸方法；30秒、1分钟各1次。
（2）匀速跑：1200—1500米。方法：两路纵队进行，保持队形整体，体会呼吸节奏，配合摆臂协调。最后100米冲刺过终点。（分层要求，能力强的领跑，1200—1500米自己选择），如图b。
5.小结、点评</td><td>图b</td></tr>
<tr><td>场地器材</td><td colspan="2">田径场
路标筒：2个</td></tr>
</table>

第4课时

<table>
<tr><td>教学目标</td><td colspan="2">1.通过游戏教学，培养学生体育兴趣，活跃课堂气氛。
2.在运球游戏中培养学生的球感，增加耐久跑的趣味性，发展学生耐力素质及腿部力量。
3.培养学生团结一致、积极向上、敢于创新等优良品质</td></tr>
<tr><td>教学内容</td><td colspan="2">1.游戏：“兔子舞”。
2.游戏跑：运球跑</td></tr>
<tr><td>重点难点</td><td colspan="2">重点：运球跑时控制前后距离。
难点：运球跑时不看球</td></tr>
<tr><td>教法措施</td><td>1.教师讲解、示范、师生配合示范；讲明练习要求及注意事项。
2.安全教育。
3.游戏：“兔子舞”。如图a。
方法：（1）口令指挥，集体、分解练习3—4次；然后由一个人不断增加到2个、3个、4个至一横排。
（2）放单音乐，老师带领1—2次，然后由优秀学生带领3—4次。
4.游戏跑：运球跑。如图b。
方法：放音乐，同时配合老师口令提示，绕两个篮球场边线，边运球边跑进，由慢到快，由直线变曲线，反复练习。
要求：注意间距，运球时多观察周围，别老是盯着球。
5.小结、点评</td><td>图a

图b</td></tr>
</table>

续 表

场地器材	篮球场：2个 路标筒：4个 录音机：1台

第5课时

教学目标	1.通过跳绳跑练习，发展学生的耐力速度，提高学生的腿部弹跳力和协调能力。 2.通过上肢力量练习，发展学生的上肢力量和协调性，锻炼学生的整体身体素质。 3.通过练习，培养学生的张扬个性、展示自我的同时顾及集体的良好品质	
教学内容	1.手臂力量协调练习。 2.游戏跑：跳绳跑	
重点难点	重点：摇绳与跑进的配合。 难点：协调用力	
教法措施	1.教师讲解、示范，讲明练习方法、要求及注意事项。 2.安全教育。 3.上肢力量练习：平面支撑单臂交换练习、摆臂各3组，如图a。 4.游戏跑：跳绳跑。 方法：如图b。 （1）原地跳绳跑练习（自练习、30″） （2）短距离跳绳跑练习：30米×3组 （3）绕田径场进行跳绳跑练习：200米×3—4组 5.小结、点评	图a × × × × 图b
场地器材	田径场 跳绳：60条	

第6课时

教学目标	1.通过学习，让学生掌握站立式起跑的动作要领和技术动作，提高学生的反应灵敏素质。 2.通过限时跑练习，发展学生的一般耐力素质，进一步掌握耐久跑呼吸方法。 3.培养学生敢于挑战、不断战胜困难等良好品质
教学内容	1.站立式起跑练习。 2.限时跑10分钟

续 表

<table>
<tr><td>重点难点</td><td colspan="2">重点：听清口令，作出动作。
难点：反应快，不抢跑</td></tr>
<tr><td>教法措施</td><td>1.教师讲解示范，讲明练习方法、要求及注意事项。
2.安全教育。
3.站立式起跑：
（1）集体练习：起跑后向前一步，6—8次。
（2）分组练习：起跑后向前跑3—5步，3—5次，如图a。
（3）分组练习：起跑后向弯道区跑5—7步，3—5次，如图b。
4.限时跑，10分钟。
方法：分四大组，按图b进行，起跑学生按自己的能力进行练习，看谁在规定的时间内跑的距离最长，体育委员登记成绩（以100米为单位）。
要求：克服困难，努力追赶。
5.小结、点评</td><td>× × × × × × ×
× × × × × × ×
× × × × × × ×
× × × × × × ×
↓
图a

× × ×
图b</td></tr>
<tr><td>场地器材</td><td colspan="2">篮球场：1个
田径场</td></tr>
</table>

第7课时

<table>
<tr><td>教学目标</td><td colspan="2">1.通过考核，使学生巩固掌握耐久跑完整技术动作的质量，使90%以上学生较好地完成技术动作。
2.通过测试、自评和互评，让学生学会客观评价和简单分析学习情况。
3.增强学生的自信心和拼搏意识，培养学生学会吃苦耐劳、勇于拼搏等优良品质</td></tr>
<tr><td>教学内容</td><td colspan="2">耐久跑：考核（男1000米，女800米）</td></tr>
<tr><td>重点难点</td><td colspan="2">重点：了解掌握学习情况。
难点：完成任务后的自我评价和他人评价</td></tr>
<tr><td>教法措施</td><td>1.教师讲解，讲明要求、分组、方法及注意事项。
2.安全教育。
3.技能测评：达标情况、分小组进行、加强安全监督和管理</td><td></td></tr>
</table>

续 表

<table>
<tr><td>教法措施</td><td>4.分成4组进行，每组14—16人；老师负责计时、提醒、鼓励学生完成任务。跑完注意踏步和拉伸放松。如图a。
5.技术评价：分小组进行、客观评价、公平公正。
6.小组长汇报各小组完成情况。
7.小结、点评</td><td>图a</td></tr>
<tr><td>场地器材</td><td colspan="2">田径场</td></tr>
</table>

七年级耐久跑教学计划

（下半学期）

课时	主要教学内容
7–1	1.超越加速跑：1400—1600米。 2.体能练习：上肢力量练习、腰腹力量练习
7–2	1.上肢力量练习：轻哑铃练习3组。 2.校园自然地形跑（12分钟）
7–3	1.行进间练习：踢腿→弓步走；高抬腿→加速跑 30米各2—3组。 2.跳绳：1分钟、2分钟、3分钟各2组
7–4	1.弯道跑技术教学。 2.变速跑1500米（100米慢→100米快）
7–5	1.合作练习：压手臂、跳起换位、单足深蹲各2组。 2.“叫号跑”：200米重复跑
7–6	1.体能练习：仰卧起坐（15次）→跳小障碍（8个）→轻杠铃深蹲3—4组。 2.800米（1000米）完整跑
7–7	考核

第1课时

教学目标	1.通过学习，让学生进一步掌握耐久跑的途中跑技术动作，使学生掌握正确的耐久跑呼吸节奏。 2.通过上肢和腰腹力量等体能练习，提高学生的力量、协调和耐力等身体素质。 3.培养学生正确对待技术动作，勇于超越、不断奋进等优良品德

续 表

教学内容	1.超越加速跑：1400—1600米。 2.体能练习	
重点难点	重点：超越时应加快速度。 难点：超越后应改为慢跑领跑	
教法措施	1.教师讲解、示范，讲明练习方法、分组及其他注意事项。 2.安全教育。 3.超越加速跑：1400—1600米。 方法：分成四组，全组慢跑前进，第一位同学拿小红旗领跑，由排尾同学开始，从队伍的右侧加速超越跑至队头，接小红旗领跑，以此类推做领先超越加速跑练习。 要求：加速尽量要快，领跑稍为慢点。坚持完成任务。 4.体能练习：上肢力量、腰腹力量练习各2组。 要求：动作协调用力，快速完成动作。 5.小结、点评	图a × 图b
场地器材	田径场 小红旗：4面 三折垫：30块	

第2课时

教学目标	1.通过校园自然地形跑练习，让学生进一步掌握耐久跑的途中跑技术动作，掌握“两三步一呼，两三步一吸”的耐久跑呼吸方法。 2.通过素质练习，发展学生上肢力量，提高身体协调性。 3.培养学生的安全意识，以及“坚持就是胜利”的意志品质和互帮互助等集体合作精神	
教学内容	1.上肢力量练习。 2.校园自然地形跑	
重点难点	重点：熟悉校园地形，注意脚下安全。 难点：“两三步一呼，两三步一吸”的呼吸方法	
教法措施	1.教师讲解、个别示范，讲明练习方法、注意事项等。 2.安全教育	

续表

教法措施	3.上肢力量练习：哑铃练习3组，如图a。 方法：根据自身情况选择不同重量哑铃，做摆臂、侧平摆、深蹲上举。 要求：练习时注意前后左右间距，注意安全和自我防护意识，动作到位、力度适中。 4.校园自然地形跑（约12分钟），如图b。 方法：按老师指定路线结伴进行，加强呼吸节奏的练习，即两三步一呼，两三步一吸。 要求：注意沿途的停车和地形的变化，同学结伴同行，互相鼓励互相关照，共同完成目标	 图a  图b
场地器材	哑铃：30副（不同重量） 学校校园	

第3课时

教学目标	1.通过加长时间的跳绳练习，让学生体会“极点”出现时的身体反应及调整呼吸方法，使学生初步体会耐力速度的练习方法。 2.提高学生的弹跳、协调和灵敏各项身体素质。 3.培养学生的应变能力、协调性及个性展示欲望	
教学内容	1.行进间练习。 2.跳绳	
重点难点	重点：坚持完成每个练习。 难点：3分钟练习时的呼吸调整	
教法措施	1.教师讲解、示范，讲解练习方法、要求及注意事项。 2.安全教育。 3.辅助练习：行进间练习，如图a。 踢腿→弓步走：30米×2组 高抬腿→加速跑：30米×2—3组 要求：动作到位、协调认真完成	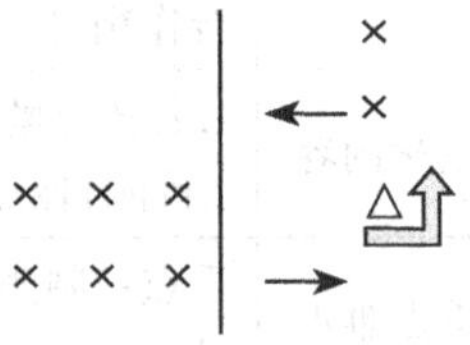 图a

续表

教法措施	4.耐力跳绳，如图b。 方法：每人一条跳绳，采用跳绳动作进行，可以是单足跳、并腿跳、交换或跑跳绳形式，1分钟、2分钟、3分钟各2次。中间间歇时间分别是1分钟、2分钟、3分钟。 要求：坚持完成任务，学会调整呼吸及协调用力	× 图b
场地器材	篮球场1个 跳绳：60条	

第4课时

教学目标	1.通过教学，让学生初步掌握弯道跑技术要领和动作要求，进一步掌握耐久跑途中跑的技术动作。 2.发展学生的协调应变能力，提高学生的耐力和整体身体素质。 3.培养学生勇于创新、大胆尝试等创新精神，以及克服自身困难努力完成任务等良好品质	
教学内容	1.弯道跑。 2.变速跑：1500米	
重点难点	重点：掌握弯道跑技术动作。 难点：克服离心率	
教法措施	1.教师讲解、示范，学生展示教师讲解动作，讲明练习要求、方法及注意事项。 2.安全教育：重点弯道防摔倒。 3.弯道跑： 方法：练习（1）（2）在篮球场，如图a。 身体向左稍倾斜进行原地摆臂练习2组； 身体向左稍倾斜进行原地小跑摆臂练习2—3组； 四人一组听口令慢跑体会弯道跑动作，间距5米，3—5组。 4.变速跑1500米（100米慢→100米快），如图b。 方法：两路纵队跑进，先100米慢，然后100米快，反复进行，最后100米坚持冲过终点线。 要求：慢、快有分，坚持完成任务，加强踏步放松，调节身心，恢复体力。 5.小结、点评	× 图a 图b

续 表

场地器材	篮球场1个 田径场

第5课时

教学目标	1.通过合作练习，发展学生的下肢力量、身体协调能力以及同学之间的协作能力。 2.改变“叫号跑”练习方式，发展学生的速度耐力素质，提高综合素养。 3.培养学生的协作互助精神，以及克服困难、勇于拼搏等良好品质	
教学内容	1.合作练习。 2.“叫号跑”：200米重复跑	
重点难点	重点：200米重复跑的技术。 难点：间歇时间的调节	
教法措施	1.教师讲解、示范，学生展示教师讲解动作，讲明练习要求、方法及注意事项。 2.安全教育。 3.合作练习：压手臂、跳起转体180度换位、单足深蹲各2组，如图a。 方法：两人一组进行合作练习。 要求：协作配合，动作到位，认真完成。 4.“叫号跑”：200米重复跑4组，如图b。 方法：学生分四组四路纵队站好，报数后等老师叫号，被叫到号的同学从队伍的右侧跑进200米（分道跑）回到自己的站位，老师视距离进行不规则叫号。 要求：努力追赶、超越前面同学，注意间歇踏步放松。 5.小结、点评	× 图a × × × × × × × × × × × × × × × × 图b
场地器材	篮球场1个 田径场	

第6课时

教学目标	1.通过体能练习，发展学生的腰腹力量、弹跳力及腿部力量，提高学生身体综合素质。 2.通过800米（1000米）完整跑，让学生进一步掌握耐久跑的完整技术，学会分配体力以及全程跑技术。 3.培养学生既展示个性又互帮互助和努力拼搏等优良品德
教学内容	1.体能练习。 2.800米（1000米）完整跑
重点难点	重点：全程跑技术 难点：体力的分配
教法措施	1.教师讲解、示范，学生练习教师讲解动作，讲明练习要求、方法及注意事项。 2.安全教育。 3.体能循环练习：仰卧起坐（15次）→跳小障碍（8个）→轻杠铃深蹲3—4组 方法：学生两人一组按要求进行循环练习，互帮互助，互相提示。 要求：保质保量完成练习，注意安全。 4.800米（1000米）完整跑，如图a。 方法：分成4组进行，每组14—16人；老师负责计时、提醒、鼓励学生完成任务。 要求：跑完注意踏步和拉伸放松。 5.小结、点评 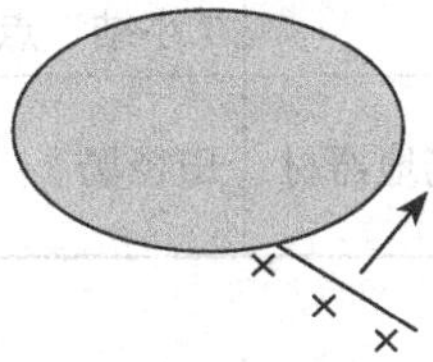 图a
场地器材	三折垫：30块 轻杠铃：10副 田径场

第7课时

教学目标	1.通过考核，使学生巩固掌握耐久跑完整技术动作的质量，使93%以上学生较好地完成技术动作。 2.通过测试、自评和互评，让学生学会客观评价和简单分析学习情况。 3.增强学生的自信心和拼搏意识，培养学生学会吃苦耐劳、勇于拼搏等优良品质
教学内容	耐久跑：考核（男1000米，女800米）

续 表

重点难点	重点：了解掌握学习情况。 难点：完成任务后的自我评价和他人评价	
教法措施	1.教师讲解，讲明要求、分组、方法及注意事项。 2.安全教育。 3.技能测评：达标情况、分小组进行、加强安全监督和管理。 4.分成4组进行，每组14—16人；老师负责计时、提醒、鼓励学生完成任务。跑完注意踏步和拉伸放松。 5.技术评价：分小组进行、客观评价、公平公正。 6.小组长汇报各小组完成情况。 7.小结、点评	图a
场地器材	田径场	

八年级耐久跑教学计划

（上半学期）

课时	主要教学内容
8–1	1.跑走交替：2000米。 2.上肢力量练习：轻哑铃练习3组
8–2	1.行进间练习：踢腿→弓步走；交叉步→往返换方向；高抬腿→加速跑30米各2—3组 2.匀速跑：1200—1400米
8–3	1.图形跑："蛇形跑"+对角跑。 2.体能练习：推小车
8–4	1.游戏：看谁掷得准 2.变速跑：1200—1400米（200米慢→200米快……）
8–5	1.同伴跑（自然地形）。 2.腰腹力量练习3组
8–6	1.游戏："二不成三"。 2.重复跑：300米×3组
8–7	考核

第1课时

教学目标	1.通过跑走交替练习，让学生进一步掌握耐久跑的呼吸节奏技术，发展耐力素质，提高学生学习兴趣。 2.哑铃练习，能较有效、较有针对性地发展学生的上肢力量，提高综合素质。 3.培养学生敢于挑战自我、战胜自己的同时也会主动帮助同学、关心同学的良好品质

续 表

教学内容	1.跑走交替：2000米。 2.上肢力量练习	
重点难点	重点：呼吸节奏与步伐的合理配合。 难点：跑、走的呼吸不同	
教法措施	1.教师讲解、部分示范，讲明练习要求、方法及注意事项。 2.安全教育。 3.跑走交替：2000米，如图a。 方法：先两路纵队跑进，后按教师信号，如口令、掌声、哨声做跑与走交替练习。 要求：按要求尽力完成任务，同学之间鼓励加油，最后50米做终点冲刺跑练习。 4.上肢力量练习： 轻哑铃练习3组，如图b。 方法：自选哑铃重量，上举、侧摆至平举、斜推举各15次2—3组 要求：注意间距安全，动作到位，有力度讲效果。 5.小结、点评	图a 图b
场地器材	田径场 哑铃：30副	

第2课时

教学目标	1.通过行进间练习辅助练习，提高学生的柔韧、协调、弹跳等身体素质。 2.匀速跑练习，提高巩固学生耐久跑途中跑的技术，提高耐力素质。 3.培养学生的纪律性和自觉参加体育锻炼的积极性，以及不断提升自我的意志品质	
教学内容	1.行进间练习。 2.匀速跑	
重点难点	重点：稳定重心。 难点：协调动作及有节奏的呼吸方法	
教法措施	1.教师讲解、部分示范，讲明练习要求、方法及注意事项。 2.安全教育	

续表

<table>
<tr><td>教法措施</td><td>3.行进间练习，如图a。
踢腿→弓步走：30米×2组；交叉步→往返换方向：30米×2组；
高抬腿→加速跑：30米×2—3组
要求：动作到位、协调认真完成。
4.匀速跑：1200—1400米，如图b。
方法：两路纵队跑进，体会轻松协调跑的动作和有节奏的呼吸方法，在跑进中可采用呼气时齐声喊“一二一”的方式，最后100米做冲刺跑练习。
要求：保持良好状态，加速时注意调整呼吸节奏，中间尽量不停顿，跑完注意跑步放松。
5.小结、点评</td><td>图a
图b</td></tr>
<tr><td>场地器材</td><td>路标筒：4个
田径场</td><td></td></tr>
</table>

第3课时

<table>
<tr><td>教学目标</td><td colspan="2">1.通过图形跑练习，让学生掌握曲线运动的技术要领，提高耐力素质。
2.通过推小车体能练习，提高学生的上肢力量、身体协调性等综合素质。
3.培养学生互相配合、互相关照，服从指挥，顾全大局、服务集体等优良品质</td></tr>
<tr><td>教学内容</td><td colspan="2">1.图形跑：“蛇形跑”+对角跑。
2.体能练习</td></tr>
<tr><td>重点难点</td><td colspan="2">重点：紧跟前面同学的路线。
难点：领跑同学的正确跑进和队形的保持</td></tr>
<tr><td>教法措施</td><td>1.教师讲解、部分示范，讲明练习要求、方法及注意事项。
2.安全教育。
3.图形跑：“蛇形跑”+对角跑，如图a。
方法：按图示跑进，领跑的同学注意路线的变换，后面的注意紧跟前面同学的路线，交叉时注意错开同学，不相互碰撞。3—4组，由老师和体育骨干领跑</td><td>图a</td></tr>
</table>

续 表

教法措施	4.体能练习：推小车2—3组，如图b。 方法：两人一组，后面同学扶住他的双脚，前面同学双手支撑地面，向前爬进到篮球场边线，往返交换。 要求：配合默契，愉快合作。 5.小结、点评	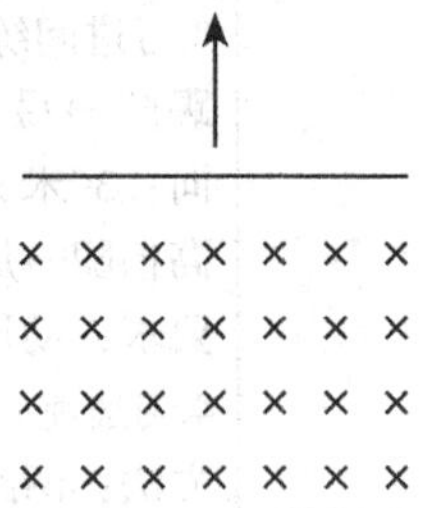 × 图b
场地器材	篮球场：2个 路标筒：4个	

第4课时

教学目标	1.“看谁掷得准”游戏练习，提高学生的反应、灵敏素质，提高学生的上肢力量和身体协调用力的能力。 2.通过变速跑练习，巩固学生耐久跑途中跑技术动作，提高呼吸方法的掌握能力。 3.培养学生的创新意识和同学互相学习、不断追求进步等良好品质	
教学内容	1.游戏：看谁掷得准。 2.变速跑	
重点难点	重点：准确判断。 难点：身体协调用力	
教法措施	1.教师讲解、部分示范，讲明练习要求、方法及注意事项。 2.安全教育。 3.游戏：看谁掷得准，如图a。 方法：每人一个布包，目标是中间的竹筐，在老师的哨声指挥下进行练习，看谁掷得准，多者为胜。原地练习、小碎步助步练习。 要求：全身协调用力 4.变速跑：1200—1400米，如图b。 方法：两路纵队跑进，后按自己的实际能力进行，200米慢→200米快……最后200米加速跑过终点。 要求：保持良好状态，加速时注意调整呼吸节奏，跑完注意跑步放松。 5.小结、点评	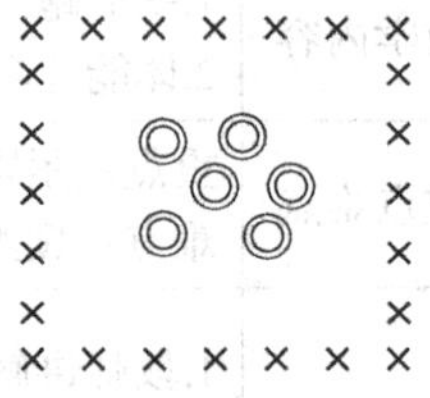 图a 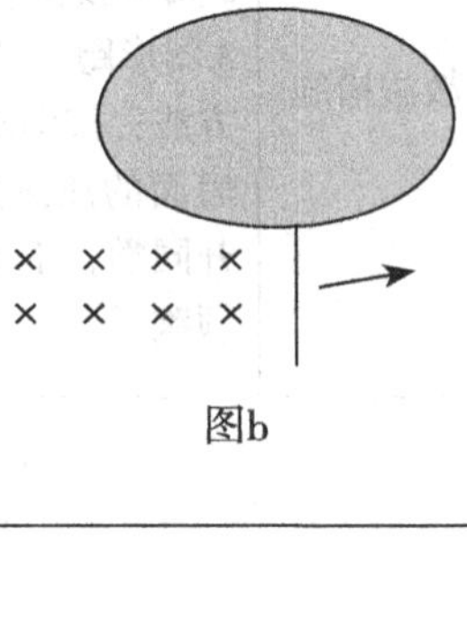 × × × × × × × × 图b

续 表

场地器材	自制布包：60个 竹筐：6个 田径场 

第5课时

教学目标	1.通过结伴校园自然地形跑练习，让学生进一步巩固掌握耐久跑的途中跑技术动作，熟练掌握耐久跑的呼吸方法。 2.通过腰腹力量练习，发展学生腰腹力量，提高整体素质。 3.培养学生的自我保护意识，以及努力拼搏、克服困难的意志品质和互帮互助等集体合作精神	
教学内容	1.同伴跑（自然地形）。 2.腰腹力量练习	
重点难点	重点：熟悉校园地形，注意脚下安全。 难点：熟练掌握呼吸方法	
教法措施	1.教师讲解、部分示范，讲明练习要求、方法及注意事项。 2.安全教育。 3.同伴跑（自然地形）（约15分钟），如图a。 方法：2—3人一组，速度节奏保持一致，并互相帮助，按老师指定路线结伴进行，熟练掌握呼吸方法，即“两三步一呼，两三步一吸”。 要求：注意沿途的停车和地形的变化，同学结伴同行，互相鼓励互相关照，共同完成目标。 4.腰腹力量练习，如图b。 方法：两人一组配合完成。 仰卧起坐：15—20次×3组 俯卧背起：15—20次×3组 仰卧剪腿：30秒×3组 要求：动作到位、协调认真完成。 5.小结、点评	20623—20634　20601—20622 图a × 图b
场地器材	三折垫：30块 学校校园	

第6课时

<table>
<tr><td>教学目标</td><td colspan="2">1.通过游戏教学，活跃课堂气氛，提高学生的灵敏、反应素质。
2.复习站立式起跑，巩固其技术动作；通过等距离的重复跑练习，提高学生的速度耐力，巩固学生耐久跑的节奏。
3.培养学生的学习兴趣，提高学生参与体育的热情和积极性</td></tr>
<tr><td>教学内容</td><td colspan="2">1.游戏：“二不成三”。
2.重复跑</td></tr>
<tr><td>重点难点</td><td colspan="2">重点：完成练习的间歇调节。
难点：熟练掌握耐久跑的节奏</td></tr>
<tr><td>教法措施</td><td>1.教师讲解、部分示范，讲明练习要求、方法及注意事项。
2.安全教育。
3.游戏：“二不成三”，如图a。
方法：两人一小组站在一起，另外两人一人跑一人追，跑的同学找准位置站好，被站到的一小组“第三人”就跑，以此类推，被“抓到”的就反追。
要求：遵守规则，反应快。
4.重复跑：300米×3组，如图b。
方法：分四小组进行，每组14—16人，注意起跑时的安全，按自己实际控制跑进节奏，克服困难，完成任务。
要求：3个组次的完成时间不能相差太多。间歇放松注意跑步调节身心。
5.小结、点评 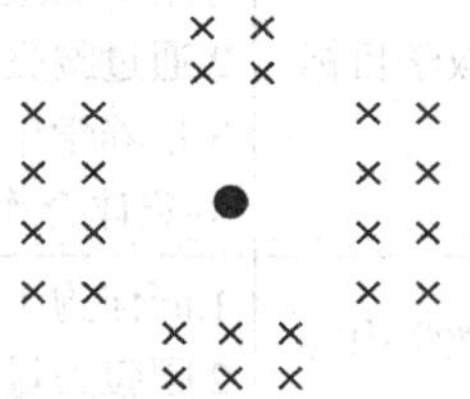</td><td>图a 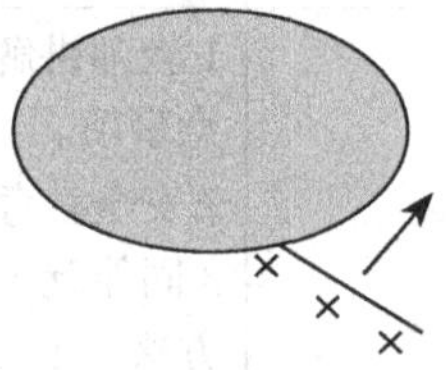
图b</td></tr>
<tr><td>场地器材</td><td colspan="2">路标筒：2个</td></tr>
</table>

第7课时

教学目标	1.通过考核，使学生巩固掌握耐久跑完整技术动作的质量，使95%以上学生较好地完成技术动作。 2.通过测试、自评和互评，让学生学会客观评价和简单分析学习情况。 3.增强学生的自信心和拼搏意识，培养学生学会吃苦耐劳、勇于拼搏等优良品质
教学内容	耐久跑：考核（男1000米，女800米）

续 表

<table>
<tr><td>重点难点</td><td colspan="2">重点：了解掌握学习情况。
难点：完成任务后的自我评价和他人评价</td></tr>
<tr><td>教法措施</td><td>1.教师讲解，讲明要求、分组、方法及注意事项。
2安全教育。
3.技能测评：达标情况、分小组进行、加强安全监督和管理。
4.分成4组进行，每组14—16人；老师负责计时、提醒、鼓励学生完成任务。跑完注意踏步和拉伸放松。
5.技术评价：分小组进行、客观评价、公平公正。
6.小组长汇报各小组完成情况。
7.小结、点评</td><td>图a</td></tr>
<tr><td>场地器材</td><td colspan="2">田径场</td></tr>
</table>

八年级耐久跑教学计划

（下半学期）

课时	主要教学内容
8-1	1.图形跑：五角星跑+“8”字形跑。 2.体能练习：斜俯卧撑、三级蛙跳
8-2	1.行进间练习：踢腿→弓步走；单足跳→往返换腿30米各2—3组。 2.折回跑：2分钟3—4组
8-3	1.游戏：快快跳起。 2.校园定向跑（打卡）
8-4	1.16分钟限时跑：看谁跑得多。 2.兴趣活动：花样毽球
8-5	1.游戏：看谁反应快。 2.结队跑：有不同路线可选
8-6	1.体能练习：摆臂（模仿弯道和直道的摆臂）→体前屈→小蛙跳→高抬腿3—4组。 2.完整跑练习（加强起跑和终点冲刺练习）
8-7	考核

第1课时

教学目标	1.通过图形跑练习，提高学生学习耐久跑的兴趣，发展同学的合作能力。 2.体能练习能有效地锻炼学生的上肢力量、腿部弹跳力以及身体的协调性。 3.培养学生的合作能力、集体主义精神和勇于拼搏等优良品质
教学内容	1.图形跑：五角星跑+“8”字形跑。 2.体能练习：斜俯卧撑、三级蛙跳

续表

重点难点	重点：紧跟前面同学的路线。 难点：领跑同学的正确跑进和队形的保持。	
教法措施	1.教师讲解、示范，讲明练习要求、分组、方法及注意事项。 2.安全教育。 3.图形跑：五角星跑+“8”字形跑，如图a。 方法：按图示跑进，领跑的同学注意路线的变换，后面的注意紧跟前面同学的路线，交叉时注意错开同学，不相互碰撞。3—4组，由老师和体育骨干领跑。 4.体能练习：斜俯卧撑、三级蛙跳。 方法：分组进行，斜俯卧撑分四组，15次×3—4组；三级蛙跳，四路纵队进行，20米×3—4组。 要求：听从指挥，认真完成。 5.小结、点评	图a
场地器材	篮球场：2个	

第2课时

教学目标	1.通过折回跑练习，发展学生的耐力速度，培养学生耐久跑节奏感。 2.提高学生的协调、柔韧、弹跳等综合身体素质。 3.培养学生的自觉纪律性，和勇于挑战自我的意志品质	
教学内容	1.行进间练习。 2.折回跑	
重点难点	重点：折回脚触线。 难点：后程跑的坚持	
教法措施	1.教师讲解、示范，讲明练习要求、分组、方法及注意事项。 2.安全教育。 3.辅助练习：行进间练习，如图a。 踢腿→弓步走：30米×2组 单足跳→往返换腿：30米×2—3组 要求：动作到位、协调认真完成。	图a

续 表

教法措施	4.折回跑：2分钟3—4组，如图b。 方法：分组进行，每组6—8人，听音乐的节拍进行练习，折回时脚触线，往返多次，直到音乐停止。 要求：注意节奏，“踏”（音乐）点折回，坚持完成任务。 5.小结、点评	图b
场地器材	田径场	

第3课时

教学目标	1.通过校园定向打卡跑练习，让学生学会辨别方向，找准地点打卡，发展学生的耐力素质。 2.“快快跳起”游戏练习，发展学生反应、灵敏、弹跳等素质。 3.培养学生热爱生活、挑战自我、积极向上等良好品质	
教学内容	1.游戏：快快跳起。 2.校园定向跑（打卡）	
重点难点	重点：快速找到打卡点。 难点：折回速度	
教法措施	1.教师讲解、示范，讲明练习要求、分组、方法及注意事项。 2.安全教育。 3.游戏：快快跳起，如图a。 方法：分四组围成四个大圆圈，中间同学拿长竹竿进行转动，竹竿经过时其他同学快速跳起，碰到竹竿的同学为失败，替换拿竹竿的同学，游戏继续。 要求：快快跳起，反应灵敏。 4.校园定向打卡跑，约25分钟，如图b。 方法：每人一张图纸，按图示跑进进行打卡练习，先完成为胜。 要求：认真学习图解，找准方向快速跑进打卡。 5.小结、点评	图a 图b
场地器材	竹竿：4支 田径场	

第4课时

教学目标	1.16分钟限时跑练习，让学生进一步巩固耐久跑途中跑技术，发展学生的一般耐力。 2.通过花样毽球练习，活跃课堂气氛，提高学生协调、灵敏及合作能力。 3.培养学生既展示个性又关注集体等良好品质，以及不怕苦、不怕累等意志力
教学内容	1.16分钟限时跑：看谁跑得多。 2.兴趣活动：花样毽球
重点难点	重点：呼吸与步伐的合理配合。 难点：科学分配体力
教法措施	1.教师讲解、部分示范，讲明练习要求、分组、方法及注意事项。 2.安全教育。 3.16分钟限时跑：看谁跑得多，如图a。 方法：两路纵队跑进，然后按自己实际能力完成，16分钟内看谁跑的距离多。由体育委员登记成绩，以后作比较。同学互相鼓励，不断挑战自己。教师不断提醒、鼓励学生。 要求：学会呼吸调整和科学分配体力。 4.兴趣活动：花样毽球。 方法：学生分若干小组在规定的活动范围内进行练习，先自我练习，后分小组练习及竞赛。 5.小结、点评 图a
场地器材	田径场 花毽：20个

第5课时

教学目标	1.通过游戏教学，提高学生的灵敏、反应、协调等素质。 2.结队跑练习，让学生体会齐心协力完成任务的乐趣，发展学生的一般耐力素质，提高综合应变能力。 3.培养学生团结协作、互相鼓励、热爱集体并努力为团队作贡献的优良品质
教学内容	1.游戏：看谁反应快。 2.结队跑：有不同路线可选
重点难点	重点：讨论好的跑进方法。 难点：全组协调一致地跑完全程

续 表

教法措施	1.教师讲解、示范，讲明练习要求、分组、方法及注意事项。 2.安全教育。 3.游戏：看谁反应快，如图a。 方法：四列横队体操队形，听口令做相反动作的练习，如：老师喊左手，学生就举右手，喊深蹲，学生就站立等等，看谁反应快，做错的同学做深蹲3次。 要求：听清口令，反应快速。 4.结队跑：有不同路线可选。 方法：学生分成4—5队，先讨论跑的方法，然后按规定的路线和距离，全组协调一致地跑完全程，以全组先到者为胜。 要求：团结协作，互相鼓励，全力完成。 5.小结、点评	× 图a
场地器材	篮球场：1个 田径场	

第6课时

教学目标	1.通过辅助体能练习，发展学生柔韧、协调等素质，同时使学生进一步掌握弯道摆臂的技术动作。 2.完整跑练习，巩固学生掌握耐久跑的完整技术动作，加强起跑和终点跑技术训练，提高整体动作技术。 3.培养学生吃苦耐劳、努力拼搏等良好品质	
教学内容	1.体能练习。 2.完整跑练习	
重点难点	重点：坚持跑完全程。 难点：全程跑练习合理分配体力	
教法措施	1.教师讲解、部分示范，讲明练习要求、分组、方法及注意事项。 2.安全教育。 3.体能练习：摆臂（模仿弯道和直道的摆臂）→体前屈→小蛙跳→高抬腿重复3—4组。 方法：教师讲解、示范，提要求，学生按口令及指挥完成动作练习	× 图a

续表

<table>
<tr><td>教法措施</td><td>4.完整跑练习（加强起跑和终点冲刺练习）。
方法：分4—5组进行，每组14—16人，每人一次，男生1000米，女生800米，加强起跑和终点冲刺的练习。
要求：按考核要求进行。
5.小结、点评</td><td>图b</td></tr>
<tr><td>场地器材</td><td colspan="2">篮球场：1个
田径场</td></tr>
</table>

第7课时

<table>
<tr><td>教学目标</td><td colspan="2">1.通过考核，使学生巩固掌握耐久跑完整技术动作的质量，使96%以上学生较好地完成技术动作。
2.通过测试、自评和互评，让学生学会客观评价和简单分析学习情况。
3.增强学生的自信心和拼搏意识，培养学生学会吃苦耐劳、勇于拼搏等优良品质</td></tr>
<tr><td>教学内容</td><td colspan="2">耐久跑：考核（男1000米，女800米）</td></tr>
<tr><td>重点难点</td><td colspan="2">重点：了解掌握学习情况。
难点：完成任务后的自我评价和他人评价</td></tr>
<tr><td>教法措施</td><td>1.教师讲解，讲明要求、分组、方法、评分标准、评价方法及注意事项。
2.安全教育。
3.技能测评：达标情况、分小组进行、加强安全监督和管理。
4.测试方法：
做好充分准备活动，分成4—5组进行，每组14—16人；老师负责计时、提醒、鼓励学生完成任务。跑完注意踏步和拉伸放松。
5.技术评价：分小组进行、客观评价、公平公正。
6.小组长汇报各小组完成情况。
7.小结、点评</td><td>图a</td></tr>
<tr><td>场地器材</td><td colspan="2">田径场</td></tr>
</table>

九年级耐久跑教学计划

（上半学期）

课时	主要教学内容
9-1	1.行进间练习：弓步压腿→踢腿；交叉步走；单足跳：30米各2—3组。 2.中速跑1600—2000米
9-2	1.台阶素质练习：交换跳、并腿跳：各30秒×3—4组。 2.1400—1600米变速跑（100米快+100米慢；200米快+200米慢，重复完成）
9-3	1.行进间练习：弓步压腿→踢腿；单足跳→往返换腿；高抬腿→加速跑：40米各2—3组。 2."16分钟"限时跑
9-4	1.素质循环练习：深蹲跳15次、挺身跳15次、高抬腿20秒、立卧撑15次各2—3组 2.匀速跑1600—2000米
9-5	1.匀速跑800米限时跑（5分钟内完）。 2.压腿、拉伸等调整。 3.1000米计时跑（5分钟内完）
9-6	1.素质循环练习：深蹲跳15次；挺身跳15次；仰卧起坐20次各3组。 2.50米往返跑：往返1次、往返2次、往返3次练习各一组；往返1次比赛1—2组
9-7	1.行进间练习：压腿→踢腿；单足跳→小蛙跳30米各2—3组。 2.重复跑：400米、300米、200米各一组
9-8	考核：模拟中考形式进行测试。

第1课时

教学目标	1.通过辅助练习，提高学生的柔韧、协调、弹跳等身体综合素质。 2.通过持久中速跑练习，让学生进一步巩固耐久跑途中跑技术，加大加深呼吸节奏的练习，提高学生掌握耐久跑技术的水平。 3.培养学生吃苦耐劳、不断拼搏等顽强意志

续表

教学内容	1.行进间练习。 2.中速跑1600—2000米	
重点难点	重点：加大加深呼吸节奏。 难点：坚持不懈地完成	
教法措施	1.教师讲解、部分示范，讲明练习要求、分组、方法及注意事项。 2.安全教育。 3.辅助练习：行进间练习，如图a。 弓步压腿→踢腿；交叉步走；单足跳； 30米各2—3组。 4.中速跑1600—2000米，如图b。 方法：两路纵队跑进，在匀速跑的基础上适当加快速度，体会协调跑的动作和有节奏的呼吸方法，在跑进中可采用呼气时齐声喊“一二一”的方式，最后100米做冲刺练习。 要求：保持良好状态，加速时注意调整呼吸节奏，中间尽量不停顿，跑完注意跑步放松。 5.小结、点评	图a 图b
场地器材	篮球场：1个 路标筒：4个 田径场	

第2课时

教学目标	1.通过台阶素质练习，发展学生的腿部力量、弹跳力和协调性。 2.通过变速跑练习，发展学生的耐力速度，提高学生的呼吸节奏变换能力，发展综合素质。 3.培养学生的安全意识和自我保护意识，以及不断挑战自我的优良品质	
教学内容	1.台阶素质练习。 2.变速跑	
重点难点	重点：调节呼吸方法和节奏。 难点：呼吸节奏的变换	
教法措施	1.教师讲解、示范，讲明练习要求、分组、方法及注意事项。 2.安全教育。 3.台阶素质练习： 交换跳、并腿跳各30秒×3—4组。	

续 表

教法措施	方法：学生分两大组轮流进行练习，一人练习一人保护帮助；教师计时并加强巡视，提醒脚下台阶的安全。 要求：精神集中，动作协调，注意安全。 4.变速跑：1400—1600米，如图a。 方法：分两组各两路纵队跑进，100米快+100米慢；200米快+200米慢，重复完成，最后100米做终点跑练习。 要求：注意变换跑速时呼吸节奏的变换，努力完成任务。 5.小结、点评	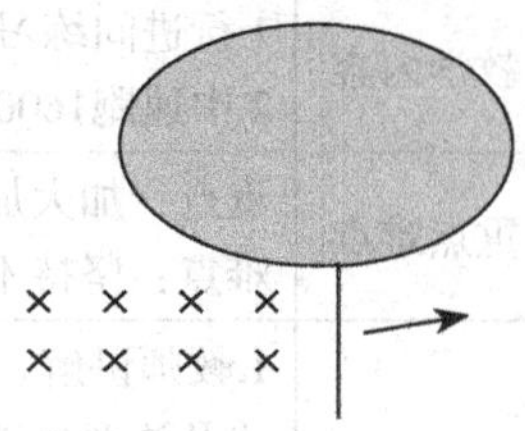 图a
场地器材	台阶：20米 田径场	

第3课时

教学目标	1.通过行进间的练习，提高学生的速度、柔韧、协调、弹跳等身体综合素质。 2.“16分钟”限时跑练习，让学生进一步巩固耐久跑途中跑技术，发展学生的一般耐力。 3.培养学生不怕苦、不怕累，坚持就是胜利的顽强意志和毅力	
教学内容	1.进行间练习。 2.“16分钟”限时跑	
重点难点	重点：步伐均匀轻快，呼吸节奏感好。 难点：合理分配体力	
教法措施	1.教师讲解、示范，讲明练习要求、分组、方法及注意事项。 2.安全教育。 3.行进间练习：弓步压腿→踢腿；单足跳→往返换腿；高抬腿→加速跑：40米各2—3组，如图a。 要求：练习时注意前后间隔距离。 4.“16分钟”限时跑。看谁跑得多，如图b。 方法：两路纵队跑进，然后按自己实际能力完成，16分钟内看谁跑的距离多。由体育委员登记成绩，以后作对比评价。同学互相鼓励，不断挑战自己。教师不断提醒、鼓励学生。 要求：学会呼吸调整和科学分配体力。 5.小结、点评	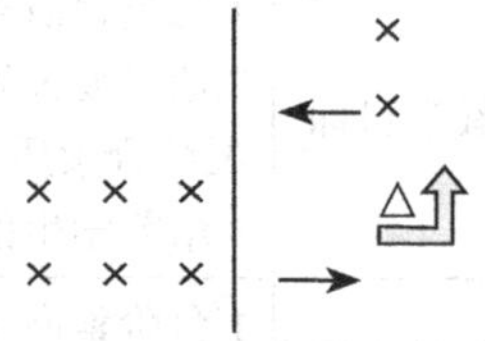 图a 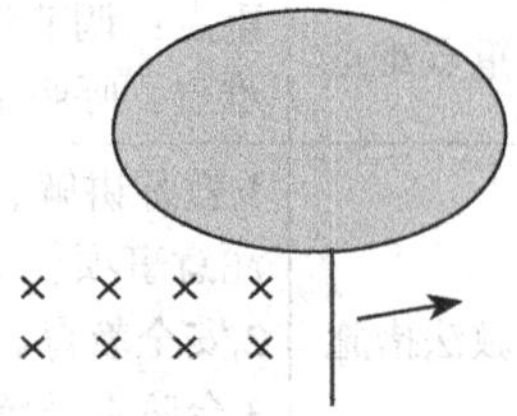 图b

续表

场地器材	篮球场：1个 路标筒：4个 田径场

第4课时

教学目标	1.通过素质循环练习，有效地提高学生的弹跳、协调、力量等综合身体素质。 2.通过匀速跑教学与练习，使学生进一步巩固掌握耐久跑的摆臂和腿部用力协调技术，发展学生的一般耐力。 3.培养学生热爱学习、热爱运动以及养成长跑锻炼身体的良好习惯	
教学内容	1.素质循环练习。 2.匀速跑	
重点难点	重点：摆臂和腿部用力自然协调。 难点：保持跑的正确姿势	
教法措施	1.教师讲解、示范，讲明练习要求、分组、方法及注意事项。 2.安全教育。 3.素质循环练习：深蹲跳15次；挺身跳15次；高抬腿20秒；立卧撑15次各2—3组，如图a。 方法：学生分四小组，由小组长带领，按老师要求完成练习。 要求：按持按量完成，动作幅度、力度到位。听从小组长指挥。 4.匀速跑1600—2000米，如图b。 方法：两路纵队进行，保持队形整体，体会呼吸节奏，配合摆臂协调。最后100米冲刺过终点。 要求：保持跑的正确姿势。 5.小结、点评	× 图a × × × × × × × × 图b
场地器材	篮球场：1个 田径场	

第5课时

教学目标	1.通过定时跑练习，使学生学会主动掌握跑速，合理分配体力，提高学生的耐久跑整体能力。 2.通过压腿、拉伸、踏步等练习，提高学生柔韧协调等素质。 3.培养学生学会积极进行放松、尽早消除疲劳恢复体力的良好习惯

续 表

<table>
<tr><td>教学内容</td><td colspan="2">定时跑</td></tr>
<tr><td>重点难点</td><td colspan="2">重点：主动掌握跑速。
难点：合理分配体力</td></tr>
<tr><td>教法措施</td><td>1.教师讲解、部分示范，讲明练习要求、分组、方法及注意事项。
2.安全教育。
3.定时跑。
方法：教师讲明要求及注意事项，学生按要求分两大组进行练习。如图a。
（1）匀速跑800米限时跑（5分钟内完）。
（2）压腿、拉伸、踏步等调整（10分钟）。
（3）1000米计时跑（5分钟内完）。
压腿、拉伸、踏步等调整（10分钟）要求：学会主动掌握跑速，合理分配体力。
4.小结、分享、评价</td><td>图a</td></tr>
<tr><td>场地器材</td><td colspan="2">篮球场：1个
田径场</td></tr>
</table>

第6课时

<table>
<tr><td>教学目标</td><td colspan="2">1.通过素质循环练习，提高学生的弹跳、协调、腰腹力量等素质。
2.50米往返跑练习，发展学生的速度耐力，培养学生的运动感觉和跑的节奏。
3.培养学生克服困难、迎难而上的意志品质</td></tr>
<tr><td>教学内容</td><td colspan="2">1.素质循环练习。
2.50米往返跑</td></tr>
<tr><td>重点难点</td><td colspan="2">重点：跑的节奏。
难点：深度呼吸的方法</td></tr>
<tr><td>教法措施</td><td>1.教师讲解、示范，讲明练习要求、分组、方法及注意事项。
2.安全教育。
3.素质循环练习：深蹲跳15次；挺身跳15次；仰卧起坐20次各3组，如图a。
方法：分三小组，由小组长带领做循环练习，按要求完成任务。教师加强巡视督促。
要求：力度、幅度到位，同学互相观摩互相学习，共同进步</td><td>图a</td></tr>
</table>

续表

<table>
<tr><td>教法措施</td><td>4.50米往返跑，如图b。
方法：四列横队分四组进行，起跑跑进，绕过终点标志物，连续往返跑几次为一组，跑完成规定组数。
往返1次、往返2次、往返3次练习：各一组；
往返1次比赛1—2组。
要求：注意绕过终点标志物的安全的技巧，努力完成任务。
5.小结、评价、谈体会</td><td> 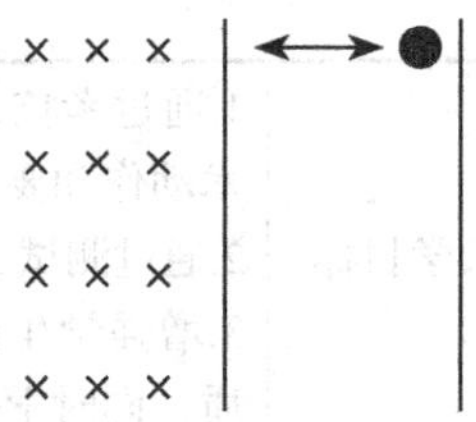图b</td></tr>
<tr><td>场地器材</td><td colspan="2">篮球场：2个
路标筒：15个</td></tr>
</table>

第7课时

<table>
<tr><td>教学目标</td><td colspan="2">1.通过辅助练习，发展学生的柔韧、协调、弹跳及腿部力量等身体素质。
2.通过不等距离的重复跑练习，使学生进一步掌握呼吸节奏和加快跑速的练习方法，发展速度耐力</td></tr>
<tr><td>教学内容</td><td colspan="2">1.行进间练习。
2.重复跑（计时）</td></tr>
<tr><td>重点难点</td><td colspan="2">重点：呼吸节奏的调整。
难点：加快跑速的练习方法</td></tr>
<tr><td>教法措施</td><td>1.教师讲解、示范，讲明练习要求、分组、方法及注意事项。
2.安全教育。
3.行进间练习：压腿→踢腿；单足跳→小蛙跳30米各2—3组，如图a。
方法：两路前进，按要求完成。
要求：动作幅度大、协调完成，练习时注意前后间隔距离。
4.重复跑，如图b。
方法：采用不等距离的重复跑练习，分四组进行；教师进行计时，给出“优、良、合格、不合格”等次评价标准。400米、300米、200米各一组。
要求：注意中间间歇及完成练习时的踏步、拉伸等积极休息，同学互相鼓励完成练习。
5.小结、评价、分享</td><td> 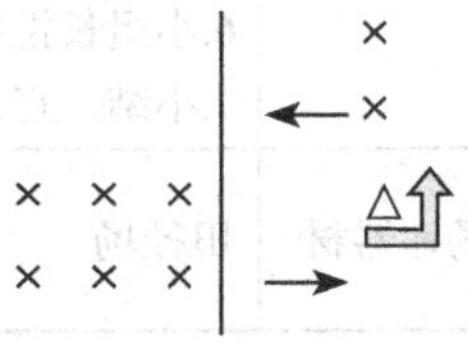图a 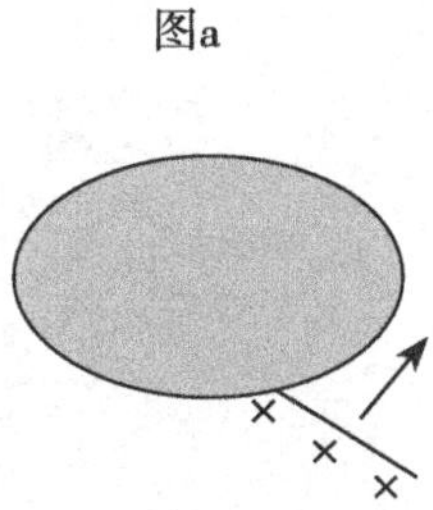

图b</td></tr>
<tr><td>场地器材</td><td colspan="2">路标筒：4个
田径场</td></tr>
</table>

第8课时

<table>
<tr><td>教学目标</td><td colspan="2">1.通过考核，进一步巩固耐久跑完整技术动作，使96%以上学生较好地掌握技术动作和要领。
2.通过测试、自评和互评，让学生学会客观评价和简单分析学习情况。
3.增强学生的自信心和意志力，培养学生学会吃苦耐劳、勇于拼搏等优良品质，同时学会关心集体、关心同学的良好品质</td></tr>
<tr><td>教学内容</td><td colspan="2">耐久跑：考核（男1000米，女800米）</td></tr>
<tr><td>重点难点</td><td colspan="2">重点：了解掌握学习情况。
难点：完成任务后的自我评价和他人评价</td></tr>
<tr><td>教法措施</td><td>1.教师讲解，讲明要求、分组、方法、评分标准、评价方法及注意事项。
2.安全教育。
3.技能测评：达标情况、分小组进行、加强安全监督和管理。
4.测试方法：贴近中考体育考试的模式。
做好充分准备活动，分成4—5组进行，每组14—16人；老师负责计时、语言提示鼓励学生完成任务，登记成绩，与以前成绩对比。跑完注意踏步和拉伸放松。
5.技术评价：分小组进行、客观评价、公平公正。
6.小组长汇报各小组完成情况。
7.小结、点评，学生分享心得。</td><td>图a</td></tr>
<tr><td>场地器材</td><td colspan="2">田径场</td></tr>
</table>

九年级耐久跑教学计划

（下半学期）

课时	主要教学内容
9–1	1.素质循环练习：连续快速障碍跳（小栏架10个×2组）→仰卧起坐（20次）→栏侧摆腿（双腿各15次）总3—4组。 2.100米竞速跑接力赛：3—4组
9–2	1.慢跑800米。 2.综合素质循环练习： 原地弓步交换跳（4个8拍）→挺身跳（15次）→负重深蹲（轻杠铃：10公斤、15公斤/12至15次）→100米快速跑。重复3—4组
9–3	1.行进间练习：压腿→踢腿；单足交换跳；高抬腿→加速跑：40米各2—3组。 2.1800—2000米变速跑（快跑与慢跑交替：100米快速跑、100米慢跑）
9–4	1.综合素质循环练习： 仰卧起坐（20次）→移动栏侧摆腿（10个栏架）→负重半蹲（杠铃：30公斤、40公斤、50公斤/8至10次）→150米快速跑。重复3—4组。 2.中速跑1000米
9–5	1.原地素质循环练习：深蹲跳15次→挺身跳15次→高抬腿20秒各3—4组。 2.2000米“超越领跑”练习
9–6	综合素质循环练习： 原地哑铃摆臂（单20次）→快速跳小栏架（10个×2组）→负重半蹲（重杠铃：30公斤、40公斤、50公斤/8至10次）→200米快速跑。重复3—4组
9–7	考核：模拟中考形式进行测试

第1课时

<table>
<tr><td>教学目标</td><td colspan="2">1.通过素质循环练习，发展学生的弹跳、柔韧、协调和腰腹力量等身体素质。
2.100米竞速跑接力赛，发展学生的快速跑节奏，提高速度素质和反应应变能力，同时使学生进一步掌握站立式起跑技术动作。
3.培养学生积极主动参与体育学习和锻炼的良好习惯</td></tr>
<tr><td>教学内容</td><td colspan="2">1.素质循环练习。
2.100米竞速跑接力赛</td></tr>
<tr><td>重点难点</td><td colspan="2">重点：站立式起跑技术、快速跑的节奏。
难点：交接棒的衔接技术</td></tr>
<tr><td>教法措施</td><td>1.教师讲解、部分示范，讲明练习要求、分组、方法及注意事项。
2.安全教育。
3.素质循环练习。如图a。
连续快速障碍跳（小栏架10个×2组）→仰卧起坐（20次）→栏侧摆腿（双腿各15次）总3—4组。
方法：分三小组，由小组长带领做循环练习，按要求完成任务。教师加强巡视督促。
要求：力度、幅度到位，同学互相观摩互相学习，共同进步。
4.100米竞速跑接力赛：3—4组。如图b。
方法：分四组在田径场四个方位准备，第一位同学拿接力棒，每人跑100米，进行竞速跑接力比赛。
要求：快速跑进，同时注意交接棒的衔接技术。
5.小结、点评</td><td>图a
图b</td></tr>
<tr><td>场地器材</td><td colspan="2">篮球场：1个
接力棒：4支
田径场</td></tr>
</table>

第2课时

教学目标	1.通过综合素质循环练习，提高学生的弹跳、协调、腿部力量等综合身体素质。 2.发展学生的一般耐力+速度耐力，提高耐久跑运动能力，提高有氧代谢能力。 3.培养学生勇敢、顽强、敢于拼搏的精神，并达到自己的锻炼目标
教学内容	1.慢跑800米。 2.综合素质循环练习

续表

重点难点	重点：各项目练习的方法和力度。 难点：各项目练习的衔接	
教法措施	1.教师讲解、示范，讲明练习要求、分组、方法及注意事项。 2.安全教育。 3.慢跑800米 方法：两路纵队保持队伍跑进400米，然后再按自己的实际情况完成800米距离。 4.综合素质循环练习，图a转图b。 原地弓步交换跳（4个8拍）→挺身跳（15次）→负重深蹲（轻杠铃：10公斤、15公斤/12至15次）→100米快速跑。重复3—4组。 方法：学生按要求、按顺序、次数、组数进行练习；教师巡视指导、提示注意事项、安全督促。 要求：动作幅度到位，力量适中，同学互相帮助互相关心。 5.小结、点评、分享	图a 图b
场地器材	轻杠铃：20副 篮球场：1个 田径场	

第3课时

教学目标	1.通过行进间的练习，提高学生的速度、柔韧、协调、弹跳等身体综合素质。 2.通过快跑与慢跑交替练习，巩固学生耐久跑途中跑技术动作，提高呼吸方法的掌握能力。 3.培养学生吃苦耐劳、积极向上的优良品质	
教学内容	1.行进间练习。 2.变速跑：1800—2000米	
重点难点	重点：自然呼吸能力的提升。 难点：快跑与慢跑的协调交替	
教法措施	1.教师讲解、部分示范，讲明练习要求、分组、方法及注意事项。 2.安全教育	

续表

教法措施	3.行进间练习。如图a。 压腿→踢腿；单足交换跳；高抬腿→加速跑：40米各2—3组。 要求：练习时注意前后间隔距离。 4.变速跑：1800—2000米。如图b。 方法：分两大组进行，快跑与慢跑交替，100米快速跑、100米慢跑、200米快速跑、200米慢跑……最后100米做终点加速跑。 要求：坚持不懈，发掘自身潜力。 5.小结、点评	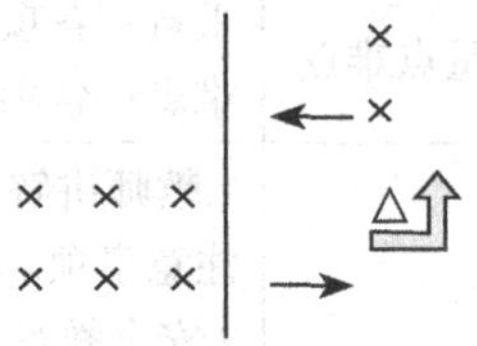 图a 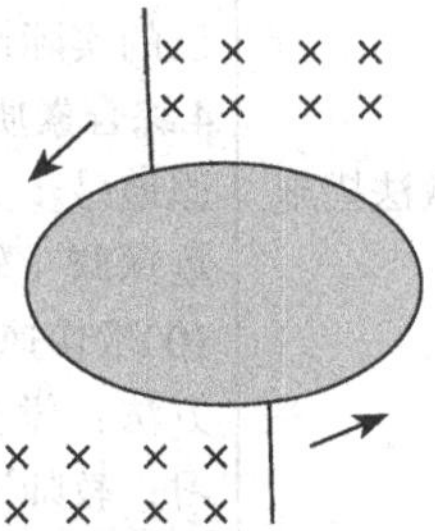 图b
场地器材	路标筒：2个 篮球场：1个 田径场	

第4课时

教学目标	1.通过综合素质循环练习，提高学生的弹跳、协调、腿部力量等综合身体素质。 2.发展学生的一般耐力+速度耐力，提高耐久跑运动能力，增进心肺功能。 3.培养学生勇敢、顽强、敢于拼搏的精神，使学生能够积极参与体育锻炼	
教学内容	1.综合素质循环练习。 2.中速跑1000米	
重点难点	重点：各项目练习的方法和力度。 难点：各项目练习的衔接	
教法措施	1.教师讲解、个别示范，师生互动，讲明练习要求、分组、方法及注意事项。 2.安全教育。 3.综合素质循环练习，图a转图b。 仰卧起坐（20次）→移动栏侧摆腿（10个栏架）→负重半蹲（杠铃：30公斤、40公斤、50公斤各两副，每组8至10次）→150米快速跑。重复3—4组	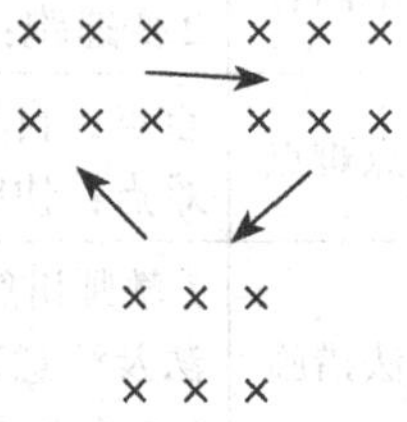 图a

续表

<table>
<tr><td>教法措施</td><td>方法：学生按要求、按顺序、次数、组数进行练习；杠铃练习根据自己实际情况选择适中的重量。
教师巡视指导、提示注意事项、不断进行安全教育。
要求：动作幅度到位，力量适中，同学互相帮助互相关心。
4.中速跑1000米。
方法：学生按自己实际进行练习，注意调节呼吸节奏，鼓励自己一定能行，最后100米做终点加速跑练习。
5.小结、评价</td><td>图b</td></tr>
<tr><td>场地器材</td><td colspan="2">三折垫：15块；低栏架：10个；杠铃：6副
篮球场：1个
田径场</td></tr>
</table>

第5课时

<table>
<tr><td>教学目标</td><td colspan="2">1.通过素质循环练习，发展学生的弹跳、协调、速度等综合身体素质。
2.通过学习，让学生有效地掌握耐久跑的途中跑技术动作，使学生掌握正确的呼吸节奏和应急调整能力。
3.培养学生不断努力、追求不懈和个性展示等良好品质</td></tr>
<tr><td>教学内容</td><td colspan="2">1.原地素质循环练习。
2.超越领跑：2000米</td></tr>
<tr><td>重点难点</td><td colspan="2">重点：超越时应加快速度。
难点：超越后应改为慢跑领跑</td></tr>
<tr><td>教法措施</td><td>1.教师讲解、个别示范，讲明练习要求，分组、方法及注意事项。
2.安全教育。
3.原地素质循环练习，如图a。
练习：深蹲跳15次→挺身跳15次→高抬腿20秒各3—4组
要求：认真练习，动作幅度力度到位。
4.超越领跑：2000米，如图b。
方法：分成四组，全组慢跑前进，第一位同学拿小红旗领跑，由队尾同学开始，从队伍的右侧加速超越跑至队头，接小红旗领跑，以此类推做领先超越加速跑练习</td><td>× × × × × × ×
× × × × × × ×
× × × × × × ×
× × × × × × ×
图a

图b</td></tr>
</table>

续 表

教法措施	要求：加速尽量要快，领跑稍微慢点。坚持完成任务。 5.小结、评价、分享	
场地器材	小红旗：4支 篮球场：1个 田径场	

第6课时

教学目标	1.通过综合素质循环练习，提高学生的上肢力量、弹跳、协调、腿部力量等综合身体素质。 2.发展学生的一般耐力+速度耐力，提高耐久跑运动能力，增进心肺功能。 3.培养学生勇敢、顽强、敢于拼搏的精神，使学生能够积极参与体育锻炼	
教学内容	综合素质循环练习	
重点难点	重点：各项目练习的方法和力度。 难点：各项目练习的衔接	
教法措施	1.教师讲解、个别示范，师生互动，讲明练习要求、分组、方法及注意事项。 2.安全教育。 3.综合素质循环练习：图a转图b。 原地哑铃摆臂（单20次）→快速跳小栏架（10个×2组）→负重半蹲（重杠铃：30公斤、40公斤、50公斤各两副，每组8至10次）→200米快速跑。重复3—4组。 方法：学生按要求、按顺序、次数、组数进行练习；哑铃、杠铃练习根据自己实际情况选择适中的重量。教师巡视指导、提示注意事项、不断进行安全教育。 要求：动作幅度到位，力量适中，同学互相帮助互相关心。 4.小结、评价	× × × × × × × × × × × × × × × × × × 图a × × × 图b
场地器材	哑铃：15副（不同重量）；小栏架：10个 杠铃：6副（不同重量） 篮球场：1个 田径场	

第7课时

教学目标	1.通过考核，使学生巩固掌握耐久跑完整技术动作的质量，使98%以上学生较好地完成技术动作。 2.通过测试、自评和互评，让学生学会客观评价和简单分析学习情况。 3.增强学生的自信心和斗志，培养学生学会吃苦耐劳、勇于拼搏等优良品质，同时能养成通过耐久跑进行自觉积极锻炼身体的良好习惯	
教学内容	耐久跑：考核（男1000米，女800米）	
重点难点	重点：了解掌握学习情况。 难点：完成任务后的自我评价和他人评价	
教法措施	1.教师讲解，讲明要求、分组、方法、评分标准、评价方法及注意事项。 2.安全教育。 3.技能测评：达标情况、分小组进行、加强安全监督和管理。 4.测试方法：贴近中考体育考试的模式。 做好充分准备活动，分成4—5组进行，每组14—16人；老师负责计时、语言提示鼓励学生完成任务，登记成绩，与以前成绩对比。跑完注意踏步和拉伸放松。 5.技术评价：分小组进行、客观评价、公平公正。 6.小组长汇报各小组完成情况。 7.小结、点评，学生分享心得 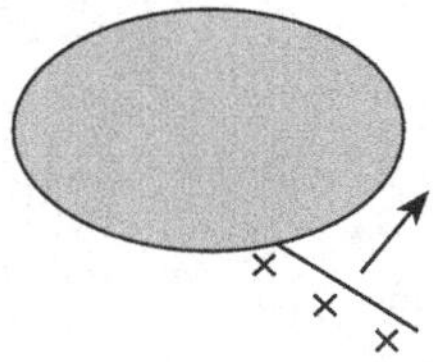	图a
场地器材	田径场	

活动篇

潮州市高级实验学校2009—2010年冬春季长跑健身活动计划

一、活动意义

为更好实施阳光体育运动，结合中考体育考试项目，提高学校学生田径运动技术水平，发展学生的身体素质和身心健康，学校定于2009年11月至2010年4月间进行以“健康运动　从我做起”为主题的冬春季长跑健身活动，并在学校第五届田径运动开幕式上进行长跑启动仪式。为确保计划实行的有效性，希望各年级各班按计划积极配合，认真落实执行。

二、长跑健身方法

1. 校运会开幕式举行长跑启动仪式。

2. 学生各自进行课内外和校内外长跑锻炼，包括体育课、体锻课、早操、早练、晚练和周末锻炼等。同时把自己的跑距（跑的距离）报班体育委员，由体育委员每天（周）把该班的跑距总数进行统计并以该周星期五上午放学前上报体育组，星期五的跑距累计在下一周，建议每人每天的跑距男生不少于1000米，女生不少于800米。

3. 学校将于每周一公布各班上一周的跑距数字和累计成绩。

4. 初定于2010年4月（具体时间另定）举行长跑验收活动（男生1000米，女生800米）。

5. 在体育课中大力推行长跑健身活动，由体育老师负责实行，采用各种方法进行落实。

三、积分评比方法（总分100分，分年级计分）

1. 体育课积分（占40%，即该项满分40分）：

体育课耐久跑（男生1000米，女生800米）考核成绩班平均分由高及低分别积40、38、36、34、32、30、28、26、24、22、20、18分。

2. 耐久跑竞赛积分（占40%，即该项满分40分）：

在验收活动（男生1000米，女生800米）中，各班按平均成绩由高及低分别积40、38、36、34、32、30、28、26、24、22、20、18分。在竞赛中获级第一名者本班加2分，第二至四名者本班加1分，第五至八名者本班各加0.5分。

3. 各班累积距离积分（占20%，即该项满分为20分）：

各班在活动过程中按实际长跑距离（以上报数据为主）由高及低分别积20、19、18、17、16、15、14、13、12、11、10、9分。

4. 以上三项总分高者名次列前，如分数相等则按验收活动中获个人第一名多的班级名次列前，依次类推。

四、奖励办法

1. 团体奖：各级分别奖励前三名，发给证书，并分别按5、3、2分奖励分计入文明班级评比分数。

2. 个人奖励：在耐久跑竞赛（男生1000米，女生800米）中，各级男女分别奖励前8名，发给证书。

注：本活动解释权属体育组

2009—2010学年度长跑健身活动公布栏

初一级		
班 级	第 周跑距	累计跑距
初一1		
初一2		
初一3		
初一4		
初一5		
初一6		
初一7		
初一8		
初一9		
初一10		
初一11		
初一12		
全级累计		

备注：每周跑距，以千米为单位

初二级		
班　级	第　周跑距	累计跑距
初二1		
初二2		
初二3		
初二4		
初二5		
初二6		
初二7		
初二8		
初二9		
初二10		
初二11		
初二12		
全级累计		

备注：每周跑距，以千米为单位

初三级		
班　级	第　周跑距	累计跑距
初三1		
初三2		
初三3		
初三4		
初三5		
初三6		
初三7		
初三8		
初三9		
初三10		
初三11		
初三12		
全级累计		

备注：每周跑距，以千米为单位

学校各学年度冬春季长跑健身活动主题

2009—2010学年度：
健康运动
从我做起

2010—2011学年度：
加强健身运动
构建和谐校园

2011—2012学年度：
学习长征精神
发展身心健康

2012—2013学年度：
体育运动，
让我们更加聪明

2013—2014学年度：
励志从长跑开始

2014—2015学年度：
我运动
我健康
我美丽

2015—2016学年度：
运动健康
放飞梦想

2016—2017学年度：
阳光体育
阳光青春

2017—2018学年度：
同学少年
奔竞不息

2018—2019学年度：
跑动青春
激情飞扬

2019—2020学年度：
奋斗青春
尽情奔跑

2020—2021学年度：
生命因运动而精彩
青春因拼搏而激扬

2020—2021学年度：
强国有我
青春飞扬

竞 赛 篇

关于举行我校2009—2010学年度长跑健身活动计划验收活动的通知

为更好落实我校2009—2010学年度长跑健身活动计划，检查学生自觉参加体育的锻炼和身体素质情况，学校定于第7周体锻课时间分年级分段进行长跑验收活动。具体规程如下：

一、参赛项目

男子1000米，女子800米。

二、参赛人数

各班男、女各报5人。

三、参赛时间

周一体锻课为初二7—12班

周二体锻课为初一1—6班

周三体锻课为初二1—6班

周四体锻课为初一7—12班

四、参赛方法

各参赛学生于比赛当天下午准时到达操场集中，由体育老师带做准备活动并进行分组安排。逾期视为自动弃权，弃权者每人次扣班总分2分，并以0分加以平均。

五、奖励办法

1. 团体奖：各级各班按平均成绩由高及低分别积40、38、36、34、32、30、28、26、24、22、20、18分，加入长跑活动计划的总分。

2. 个人奖：各级男女分别奖励前8名，发给奖状。第一至三名者本班加1分；第四至八名者本班各加0.5分。

注：本活动解释权属体育组

学校政教处

2010年3月

2009—2010学年度长跑健身活动计划验收活动报名表

班级：　　　　　　　　　　　　班主任：

记录员：

男生			女生		
姓名	成绩	分数	姓名	成绩	分数
平均成绩			平均成绩		

备注：报名表于第6周星期五上午放学前上交体育组

2009—2010学年度长跑健身活动计划验收活动前八名成绩登记表

组别：

名次	班级	姓名	成绩	备注
1				
2				
3				
4				
5				
6				
7				
8				

潮州市高级实验学校2009—2010学年度长跑健身活动总成绩表

初一级

班级	体育课积分		验收活动积分		累计距离积分		奖励分	总分	名次
	平均成绩	占40%	平均成绩	占40%	总距离（千米）	占20%			
初一1									
初一2									
初一3									
初一4									
初一5									
初一6									
初一7									
初一8									
初一9									
初一10									
初一11									
初一12									

初二级

班级	体育课积分		验收活动积分		累计距离积分		奖励分	总分	名次
	平均成绩	占40%	平均成绩	占40%	总距离（千米）	占20%			
初二1									
初二2									
初二3									
初二4									
初二5									
初二6									
初二7									
初二8									
初二9									
初二10									
初二11									
初二12									

初三级

班级	体育课积分		验收活动积分		累计距离积分		奖励分	总分	名次
	平均成绩	占40%	平均成绩	占40%	总距离（千米）	占20%			
初三1									
初三2									
初三3									
初三4									
初三5									
初三6									
初三7									
初三8									
初三9									
初三10									
初三11									
初三12									

附：

活动场景：冬春季长跑验收

潮州市高级实验学校2009—2010学年度长跑健身活动总结

1. 本次长跑健身活动从2009—2010年度第一学期第14周开始，至第二学期第7周验收活动结束，活动收到良好效果。全校累计总跑距为40406.9公里，其中初一级累计15525.6公里，初二级累计17056.7公里，初三级累计7824.6公里。

通过课内外的不断练习，体育课耐久跑成绩大大提高，在验收活动中可以看出可喜的成绩：104班的谢哲瀚同学和207班的丁树煌同学分别以3′23″2和3′16″1获得初一、二级男子1000米跑第一名；108班的丁炜妮同学和202班的吴娴儿同学分别以2′5″3和2′56″1获得初一、二级女子800米跑第一名。103班、108班和104班分别以总分97.5、88.0、87.0分获得初一级团体前三名；201班、203班、208班分别以总分93.0、88.5、86.5分获得初二级团体前三名；304班、307班、308班分别以总分54、51、50分获得初三级团体前三名。

2. 这次活动得到各班主任的大力支持和帮助，也得到家长们的广泛认可。本次活动分三个阶段进行，第一阶段为体育课内动员期；第二阶段为课外延伸期；第三阶段为推广验收期。通过体育老师、班主任动员，由体育课、体锻课等课内活动推广到每天放学后、周末等课外练习，从简单的理论知识，如长跑的呼吸节奏、“极点”出现的处理方法、跑完全程后的放松运动等，到实际“实操实练”，如摆臂练习、呼吸练习、如何不断增加跑距等，让学生理论联系实际，不断提高长跑的技术技能。从而使学生得到较全面的身体锻炼和吃苦耐劳、敢于拼搏等优良品质的提高。

3. 通过开展这次活动，让更多学生懂得长跑的锻炼方法，让学生知道长跑是最简单、最方便的锻炼身体的方法之一。通过活动的推广，学生每天参加体育锻炼的人数不断增加，自觉性不断提高，跑的距离也不断增加，初步形成人人爱运动、班班争先进的优良风气，也使校园更充满勃勃生机、活力四射。

学校艺体组

2010年5月

课 题 篇

潮州市“十二五”教育科研规划课题

“耐久跑对初中生身心健康意义的研究”开题报告

课题名称：耐久跑对初中生身心健康意义的研究

课题编号：CZJYKY201250033

申 请 人：苏礼屏

所在单位：潮州市高级实验学校

申报日期：2012年2月3日

一、课题研究的目的

耐久跑是中小学体育教学大纲规定的必修教材，它不受场地的限制，易于开展，并且健身价值很高。通过耐久跑锻炼，不仅可以发展学生的耐力、增强心肺功能，还可以培养学生吃苦耐劳的精神、顽强拼搏的作风和坚忍不拔的意志品质。

耐久跑是一项发展持久奔跑能力的运动，它通过较长时间内脏器官的工作和连续的肌肉活动，对身体各器官系统产生一定的影响。也是有效提高初中生身心健康的运动项目之一。然而，大多数学生，特别是女学生对耐久跑有一种恐惧心理，打心底“害怕”这一项运动项目。

每年学校第一学期的开学典礼都会出现一种现象：开学典礼进行20分钟左右，就开始有学生晕倒、呕吐，然后人数越来越多，到升旗结束差不多有50多个相当于一个班的学生人数感觉不适而到学校医务室休息，这些学生大部分都是初一级新生，而且每年基本上都这样。为什么？一个关键的原因就是新入学的学生身体素质较差。

面对这种情况，身为中学体育教师的我们，有责任，有义务采取措施来减少这种现象。所以。我们提出“耐久跑对初中生身心健康意义的研究”这一课题。

二、课题研究的基本内容

1. 耐久跑对学生身体、心理素质的影响：采用多种多样的练习方法、练习手段、组织形式，让耐久跑练习不再枯燥无味，让学生喜欢参加耐久跑，从而不断提高学生的身心素质。

2. 耐久跑对学生意志力、毅力的影响：课内、课外相结合，让学生体会到耐久跑的魅力，感受到运动的乐趣。培养学生吃苦耐劳、勇于拼搏等精神。

3. 耐久跑对学生身体形态的影响：通过耐久跑运动，使学生的身体形态更好，肥胖的学生不断减少，健康的学生越来越多。

4. 耐久跑运动的习惯养成：通过“长跑起跑仪式”“长跑验收活动”“学校田径运动会”等一系列的活动，让学生喜欢上耐久跑运动，同时养成主动、自觉锻炼身体的习惯。

三、课题研究重难点

1. 教学重点：通过耐久跑的教学、课外体育活动、家校互动等形式，提高学生的身体素质和身心健康。

2. 教学难点：数据收集、实效对比。

四、国内外课题研究状况

耐久跑教学现状调查与分析随着体育教学改革的深入和学生体育锻炼的增强，目前各中学都在不断进行课程建设，以适应学生的需求。我国教育理论界越来越重视师生关系对学校体育教学质量和学生体育课学习影响的研究。引导学生积极参与体育锻炼可以增强体质，娱乐身心，并扩充体育课所获得的知识、技能，检验体育教学内容实施的效果，提高学生的群体意识和积极向上的生活态度。耐久跑作为中学体能测验和达标项目，且作为素质指标的必测项目

（女800米，男1500米）深受重视。

目前，对于这类课题的研究国内外甚多，国内研究的对象多数是高中阶段，大多数着重于教学方面的研究，对如何训练及训练方法也较普遍。然而，在教学方法和手段的选择上还存在许多问题。因此，探讨提高耐久跑教学效果的途径与方法及培养学生独立锻炼的能力就显得更加重要。本课题试图从学校新生入手，采用不同的练习手段、训练方法、组织形式，通过课内与课外、校内与校外相结合使学生的身体素质、心理素质得到较大的提高。

五、课题的理论意义、实践意义及成果的应用价值

通过一系列的实践活动，积累相关数据、资料，形成具有本校特色又切实可行的耐久跑教学方法、课外活动形式、训练方法等，给以后的教学和兄弟学校提供借鉴作用。同时让学生养成自觉参加耐久跑，主动参与锻炼身体的习惯，培养学生的终身体育锻炼项目。

六、课题研究的参加人员具有较高研究素养的科研热情，结构合理，分工明确

课题负责人苏礼屏系学校艺体教研组组长，中学体育高级教师，学科带头人。长期从事一线体育教育教学工作，担任教研组组长12年，10多年的田径队训练经验，多次获“优秀教练员”称号。经常担任市级运动会裁判长工作，多次被评为“优秀裁判员”，同时积累了丰富的教育教学经验，十多篇论文发表在国家级刊物，或获省市级奖励。具有很高教育教学能力和科研能力。第二负责人李壁恺系学校一线体育教师，中学体育二级教师；课题组成员蓝鹏、骆楚明、张壮豪、蔡奕亮、陈礼梅老师系学校一线体育教师。以上人员均具备较强的教学组织能力和一定的教研能力。

课题组的所有成员都属学校专任教师，有时间保证。

七、课题研究的方法

1. 文献资料法。

2. 问卷调查法。

3. 数据统计法。

4. 分析综合法。

八、经费来源，资料设备

经费来源主要由学校拨给，同时积极争取社会支持；资料设备主要由学校提供，积极利用媒体资源，充分调动师生的科研热情，开展深入有效的专题研究。学校为每一位老师配备了电脑，使教师可以及时了解国内外教学动态和教研成果。学校实行教学资源共享，建立大型的教学资料库。学校领导视教学质量为教学发展的生命线，为课题研究提供所需的一切物质条件。

九、课题组人员分工

课题组人员分工明细

姓名	专业技术职称	研究专长	在课题组中的分工情况
蓝　鹏	中学体育高级	体育教学	课题指导、整体顾问
苏礼屏	中学体育高级	体育教学	课题组长、全面负责
李壁恺	中学体育二级	体育教学	实施计划、数据统计
骆楚明	中学体育一级	体育教学	实施计划、学情调查
张壮豪	中学体育二级	体育教学	实施计划、信息采集
蔡奕亮	中学体育二级	体育教学	实施计划、资料整理
陈礼梅	中学体育二级	体育教学	实施计划、图片收集

十、前期准备工作

1. 组成课题组研究人员，制订活动方案。

2. 培训骨干队伍。

3. 整理现成研究成果，制订调研方案。

十一、预期研究成果

预期研究成果概述

<table>
<tr><td rowspan="5">主要阶段性成果</td><td>序号</td><td>研究阶段（起止时间）</td><td>阶段成果名称</td><td>成果形式</td><td>承担人</td></tr>
<tr><td>1</td><td>2011年10月—2012年2月</td><td>1.调查问卷
2.第一数据收集
3.课题实施方案</td><td>研究报告</td><td>所有成员</td></tr>
<tr><td>2</td><td>2012年3月—2013年3月</td><td>1.耐久跑实施计划
2.耐久跑对培养学生意志力的作用及相关报告
3.应用调查研究</td><td>研究报告</td><td>所有成员和学生</td></tr>
<tr><td>3</td><td>2013年4月—2013年10月</td><td>系列论文、案例、录像课</td><td>论文案例</td><td>所有成员和学生</td></tr>
<tr><td>4</td><td>2013年11月—2014年10月</td><td>结题报告
教学实践应用</td><td>成果或专著</td><td>所有成员和学生</td></tr>
<tr><td rowspan="4">最终研究成果</td><td>序号</td><td>完成时间</td><td>最终成果名称</td><td>成果形式</td><td>承担人</td></tr>
<tr><td>1</td><td>2012年12月</td><td>《学生现状调查、报告》</td><td>研究报告</td><td>所有成员</td></tr>
<tr><td>2</td><td>2013年10月</td><td>《耐久跑对学生身体素质的作用》</td><td>成果或专著</td><td>所有成员</td></tr>
<tr><td>3</td><td>2014年10月</td><td>《耐久跑对学生心理素质的作用》</td><td>成果或专著</td><td>所有成员</td></tr>
</table>

2012年2月

潮州市“十二五”教育科研规划课题

“耐久跑对初中生身心健康意义的研究”中期报告

课题名称：耐久跑对初中生身心健康意义的研究
课题编号：CZJYKY201250033
课题负责人：苏礼屏
所在学科：体育

2012年2月，我申报的潮州市“十二五”教育科研规划课题“耐久跑对初中生身心健康意义的研究”申报成功。通过半年多的实践研究，在市教育局和学校的领导下，在课题组老师们的共同努力下，取得了一定的成果。我们觉得“耐久跑对初中生身心健康意义的研究”课题开发，在推进学校体育课程改革，培养学生的耐力素质和整体身体水平方面，具有很重要的现实意义。我们用新课程的理念不断开发课程资源，丰富充实课题研究，彰显学校的办学特色，使学校、教师、学生三者均有受益，特别是学生的耐力素质得到极大的提升，从而为打造具有校本特色的体育教学体系奠定了坚实的基础。

一、主要做法

（一）整体规划，精心组织

学校体育组通过统一协调，整合体育科的教学资源，统筹规划本校体育课程资源开发和学生实践活动的步骤。首先，我们组织参与课题研究的教师，将新课标的学习内容按不同年级进行梳理，在学情调查的基础上，将梳理出来的实践活动内容。依据本校实际，给学生提供贴近教材，贴近实际，贴近生活，贴近时代的丰富真实的课程资源。使实验教师能有目的、有步骤地开展教学活动。其次，实验教师根据教研组提供的主题菜单，制订分阶段的实施计划，鼓励学生根据自身兴趣和学习水平选择适合自己的实践活动，综合实践活动这一载体，对学生参加活动的每一个环节给予具体、明确、全面的指导，并完成对学生的评价、考核和评优等工作。注重让学生亲身经历运动、情感的发生和形成过程，力求达到开发一个资源，收获多方面的效果。为确保课题研究的顺利实施，课题组全部由长期从事一线体育教学工作者，有较丰富的实际教学经验的教师组成，体育组有7位教师，其中高级教师2名，一级教师2名，二级教师3名。都是学校的骨干体育教师，业务能力强，具有一定的教学经验和理论研究水平。同时聘请省体育特级教师（原金山中学体育老师）林展侠老师为课题顾问，聘请市教育局体育教研员郑晓为课题组成员，为课题的实施提供强有力的保证。为确保课题研究质量，整个课题研究安排在三年内完成，时间比较充裕，确保了研究工作能按部就班有序开展，具有较强的科学性和可操作性。

（二）围绕主题，立足特色

在教学中，围绕培养学生的耐力素质和身心发展能力这个主题，教师深入了解教材体系，认真研究教材内容，然后根据学生的实际水平，找到与课程结合的生长点，对教材中各单元内容进行重组整合，并对教学课程进行了精心设计，确保以课内教学为主渠道的教学效果。在此基础上，结合课外各项活动：校运会、长跑活动、长跑验收等，注重引导学生，课内外结合，重视学生自我锻炼习惯的养成。本课题研究立足于学校，最大限度地挖掘学校教学资源，力求在拓宽课程范围，适应个别需要，发挥教师创造性，形成学校特色等方面进行深入研究。使实验教师成为校本课程资源的设计者和行动者，使本土资源具有更多的教育附加值，同时开阔研究者的视野。通过校本课程的开发和实施，在校园中构建浓郁的耐久跑学习环境，营造健康的体育氛围，使本学科教师在体育教学的实践中扩大教育的视野，确立正确的教育观，树立课程开发的意识，增强校本课程的实施能力，逐渐形成具有“高实”特色的教学风格。

（三）教学一体，注重效果

课堂教学是教学工作中的中心环节，是体育教学的基本形式，也是学生在教师的指导下获取体育基础知识、基本技能和技术，通过听（听讲）、炼（锻炼）、会（体会）、得（心得）等基本训练培养学生学会进行耐久跑锻炼的基本途径，因此，课堂教学要增加基础的体育知识，体育运动的强度和密度，提高教学效率和质量。课外活动是课堂教学的重要补充，有利于增长知识、培养能力、发展体力，比课堂教学更便于因材施教，易于培养学生的兴趣和发挥他们的爱好和特长，使他们能生动、活泼地进行学习和锻炼。课堂教学中学生的实践时间不是很多，课外活动可以弥补课堂教学中不足的缺陷。因此，在实践中，我们坚持教学一体，以学习效果作为检验教学水平的重要指标，重视开展各种适合学生体育运动和年龄特点的课外活动，加强对课外活动的指导，做到既不放任自流，又不因课外活动而使学生加重负担。

二、几点体会

通过本课题的实施，我们看到学生的耐久跑素质有了很大的提高，我们觉得，本课题的研究不仅给学生带来了学习方式和运动方式的变革，也给广大教师以心灵上的触动和行动上的提升。通过半年多的探索与实践，我们收获了一些心得体会：

（一）发展学生耐力素质和身心健康，必须确立以学生为中心

在课题实践中，通过学情调查发现，学生在学习方面对老师有很强的依赖性，大多数学生仍然习惯于老师的讲解以及被动、机械地服从老师的安排，以老师为中心的教学模式仍然是主要的教学模式。为改变这一现象，我们发出“倡议书”，发动老师、学生、家长共同来关注自身的身体素质和耐力素质，同时在教学中坚持以学生为中心，在以学生的“学”为中心的学习环境中，采用不同的教学方法，对学生的自主学习做不同的引导，如耐久跑教学中教师必须传授给学生的10点有关知识等，运用“学生自主学习”模式来进行教学探索的实践，取得了明显的成效。一是学生“合作学习”的意识得到加强。表现在对耐力锻炼有了自信，有了更强的求知欲望，开始将锻炼视为一种内在的需要，真正成为学习的主人，实现了从“要我学”到“我要学”的转变。二是学生“自我学习”的能力大大提高。表现在逐渐学会了不再一味地依赖教师，而是能按提示提纲进行自我学习，实现了从“学会”到“会学”的转变。三是学生的学习创造性得到发展。表现在学生不仅是运动的实践者，而且是运动的创造者。在创造性的学习中，学生思维活跃，乐于表现自己的聪明才智，实现了从接受性学习到探索性学习的转变。四是教师的主导作用和学生的主体地位得到了有机结合。课堂教学上摆脱了“我讲你练”的模式，而是以在教师指导下的学生活动为主。通过“自主学习”“合作学习”等教学活动，学生在知识、能力、情感诸方面得到了和谐发展。

（二）发展学生耐力素质和身心健康，必须营造良好的校园体育氛围

为了激发学生参与运动的兴趣，帮助学生树立耐力运动的自信心，培养学生的锻炼能力，致力于体育运动氛围的营造。

一是向全校师生和家长发出“倡议书”，倡导一种健康运动的方式和方法，让学校、家庭共同来关注学生和身边人的身体健康，引起学校、家长和社会的共鸣。

二是体育课由体育老师组织形式多样的长跑教学活动，以激发学生的学习兴趣，传授耐久跑中的10点基本知识，让学生初步懂得如何进行耐久跑锻炼，锻炼之后对身心有什么好处。

三是通过校网进行大力宣传，宣传学校长跑健身活动计划的做法。校运会上进行长跑起跑仪式。学生各自进行课内外和校内外长跑锻炼，包括早操、早练、晚练和周末锻炼等。同时把自己的跑距（跑的距离）报给班体育委员，由体育委员每天（周）把该班的跑距总数进行统计并于该周星期五上午放学前上报体育组，星期五的跑距累计在下一周，建议每班每周的跑距不少于135公里。学校于每周一公布各班上一周的跑距数字和累计成绩。激励各班自觉进行锻炼，培养班集体的荣誉感。

四是组织各种形式的体育竞赛。通过校运会、长跑验收活动等竞赛，发展学生的耐力素质，提高学生耐久跑能力和身心健康。丰富了学生的课外的体育生活，为创建良好的校园文化氛围，激发学生的耐久跑学习爱好，提高我校学生运动能力水平做出了很大的贡献。

五是组织学校运动队学生参加“市中学生田径赛”“市青少年田径锦标

赛”等比赛。进一步促进学校体育运动的发展和整体的运动氛围，给学生一个展示自我的大舞台。

通过营造浓厚的校园体育运动环境，开展一系列丰富多彩的体育活动，激发学生学习耐久跑的兴趣，增强了学生耐久跑的信心，提高了学生锻炼耐久跑的能力，培养了学生耐力素质和身心健康，有力地推动了我校的校园体育文化建设。

三、本阶段取得的成果

这次课题科研活动在短短的8个多月时间内，取得了一定的成果。一是改变了传统的教学方式，探索在新的条件下创新教学模式的路子，在课题的实施过程中，我们要求每位教师坚持做到课堂教学三创新：创新课堂教学设计、创新教学方法、创新教学手段。部分教师还有意识地改变了以往的一些教学方式，给学生增添了无限的学习动力和活力。二是能充分发挥学生的主体作用，学生在特定环境中通过积极主动地感知、体验、实践、参与和合作等学习活动，给了学生一个自由发挥的思维空间，有利于培养学生创新精神和发展创新能力的教学环境。三是能较好地改善学生学习能力参差不齐的问题，通过这种教学方式使学习困难学生能得到具体的、针对性强的帮助，优秀学生的学习主动性和积极性也能得到充分的发挥。他们在进行各种学习活动中相互补充、相互影响、相互促进，他们在帮助成绩差的同学时，也使自己所学的知识得到了巩固和强化。

（一）相关课件、教学叙事

相关课件、教学叙事明细

姓名	日期	周次	班级	内容
苏礼屏	2012年2月20日	第2周星期一第6节	101、103班女生	耐久跑限时练习法（教学叙事）
陈礼梅	2012年2月27日	第3周星期一第4节	206班	“耐久跑”理论课
李壁恺	2012年3月15日	第5周星期四第5节	109、111班男生	“耐久跑教学”第3课时

（二）教师获奖情况概明细

教师获奖情况概明细

姓名	内容	时间	获奖等次
苏礼屏	论文《耐久跑几种教学练习法的尝试》	2012年7月	校级论文一等奖 市级论文一等奖 省级论文三等奖
陈礼梅	论文《对构建学生体育学习主体地位的探索》	2012年7月	校级论文二等奖 市级论文二等奖
苏礼屏	广东省体育教师技能大赛	2012年7月	省级一等奖

（三）学生获奖情况

在验收活动中可以看到可喜的成绩：107班的丁树煌同学和202班的管金信同学分别以3′23″5和3′15″5获得初一、二级男子1000米跑第一名；102班的吴娴儿同学和204班的詹亦浚同学分别以3′06″4和3′13″5获得初一、二级女子800米跑第一名。101班、102班和103班分别以总分96.0、90.5、84.5分获得初一级团体前三名；206班、202班、204班分别以总分92.5、85.5、82.0分获得初二级团体前三名；305班、306班、302班分别以总分58、54、49分获得初三级团体前三名。

虽然我们在这个课题研究中，取得了一定的成果，但在课题研究以及提炼办学特色的融合上，还不是很成熟，在校本课程的开发上还比较零碎。研究中，由于把关注的重点较多地放在了学生耐力素质的开发和利用上，对于评价方面的研究力度显得比较单薄，虽然有评价方案，但操作性不强。今后，我们将进一步规划好开发内容，细化操作策略，拓展对校本课程的深入研究，为发展学生的耐力素质和身心健康，打造具有本校特色的体育教学体系而不断努力。

潮州市“十二五”教育科研规划课题

“耐久跑对初中生身心健康意义的研究”结题报告

课题名称：耐久跑对初中生身心健康意义的研究

课题编号：CZJYKY201250033

课题负责人：苏礼屏

所在学科：体育

一、课题研究的理论基础

本课题研究的理论根据主要如下：

1.《体育与健康》课程基本要求：耐久跑是初中教学中田径教学内容的重要组成部分，各年级内容的侧重点和所选择的练习方法、量化指标都不尽相同。

2. 初中学生身体素质需求：耐久跑是人体在氧气供应充足情况下长时间跑步的能力。练习耐久跑能使心脏收缩力加强，提高心脏供血能力，促进心脏、肺、血液循环系统的发展，提高有氧代谢能力，还有助于降低血液中胆固醇含量。因此，健身长跑是走向终身体育的较好方法。

3. 初中学生心理素质需求：体育教学在培养学生的自信心有着其他学科难以比拟的特殊作用。现在的中学生大都是独生子女，由于受家庭教育的影响，大多以自我为中心，不善于与他人合作，因此，在某种条件下就会产生自信心不强的现象。在体育活动中胜利与挫折、成功与失败是经常出现的，教学中，教师在学生遭受挫折和失败时，会及时给予鼓励和帮助，分析失败原因，利用“降低难度—克服心理障碍—完成某项任务（动作）”模式，使学生的自信心在这个过程中循序渐进地得到提高。

二、课题研究的目标

1. 通过研究，认识耐久跑对初中学生身心健康意义的价值。

2. 通过研究，明确对初中学生进行耐久跑教学的各种方法、练习手段及意义。着重研究教学理念、学习方式、教学模式、学习指导、教师角色、评价体系等问题。

三、课题研究的主要成果

（一）理论研究成果：耐久跑的各种教学方法和练习手段

1. 明确了耐久跑各学习领域的价值取向。教学是一种创造价值的实践活动，追求价值是各学习领域教学活动重要的内驱力，学科价值分为学科内容本身的价值和教学过程中发生的价值。在价值追求的基础上明确价值取向，就是要在众多的意义中作出符合某种需要的选择，体现和实现教育者与受教育者主体的价值追求。耐久跑练习方法和手段不仅应用于体育教学，同时也可应用于社区体育锻炼。

同时，在课题研究过程中，老师们一致认为学生形成丰富的情感、端正的科学态度以及积极向上的学科价值观是新课程改革的终极目标。

2. 形成了新的教学理念“精讲多练、一练多法”。教学理念是教师对教学和学习活动内在规律的认识的集中体现，对教学活动有着极其重要的指导意义。新课程改革其中最重要的一环是教学理念的转变，教学理念的转变是一项十分重要的工作。形成了新的教学理念“精讲多练、一练多法”，即更新了教学、教育理念。通过课题研究，不仅让科组体育老师逐步深入地明确耐久跑的教学中的重点、难点，而且使本组体育老师形成了新的教学理念：精讲多练、一练多法。精讲多练，即每节课利用小黑板写明上课内容、练习方法、练习手段和练习次数，然后老师作简单的讲解，让学生看了一目了然；一练多法，即一个练习内容多种练习方法。

（二）应用研究成果

1. 通过课题研究，能明确耐久跑练习能使初中学生心脏收缩力加强，健身长跑是走向终身体育的较好方法。同时耐久跑练习更重要的是能培养学生吃苦耐劳的精神、顽强拼搏的作风和坚忍不拔的意志品质，在培养学生自信心、合用能力和抵抗挫折、失败等方面起到很大的作用。

2. 课题实践期间，每年度长跑健身活动都组织启动仪式，由副校长主持鸣枪“第一跑”，陈校长亲自领跑，并形成主题：2012—2013年度的主题是“体育运动，让我们更加聪明”；2013—2014年度主题是“励志从长跑开始”；2014—2015年的主题是“我运动　我健康　我美丽”。

3. 学生耐久跑心得

姓名	日期	班级	内容
佘丹阳	2013年6月	100653	那一刻，我迈上了新台阶
文苑钰	2013年6月	110312	在跑步中成长
裴师婷	2013年9月	110408	我的心得
吴娴儿	2013年10月	110204	关于体育
张丰桦	2013年10月	110102	记忆中的长跑
张湘婉	2013年11月	110269	在赛道上奔跑

4. 教师耐久跑教学心得

姓名	日期	内容
蔡奕亮	2013年9月	体育公开课“耐久跑”的课后小结
骆楚明	2013年9月	耐久跑的几点体会
李壁恺	2013年10月	耐久跑教学的体会
陈礼梅	2013年10月	耐久跑教学的心得体会
张壮豪	2013年10月	中长跑的意义
苏礼屏	2014年11月	摩擦促感情
蔡奕亮	2014年11月	我的体育叙事

5. 教师耐久跑教育教学论文、杂文

姓名	论文名称	获得奖励	时间	授奖单位
苏礼屏	《耐久跑几种教学练习法的尝试》	市一等奖 省三等奖	2012年6月 2012年7月	潮州市教育局 广东省教育厅

续 表

姓名	论文名称	获得奖励	时间	授奖单位
李壁恺	《对体育教学中人文教学环境的探讨》	市一等奖	2012年6月	潮州市教育局
陈礼梅	《让学生真正成为体育学习的主人》	市二等奖	2012年6月	潮州市教育局
郑晓	《耐久跑练习中应注意的若干问题》		2013年3月17日	
苏礼屏	《体育教学课堂改革——高效课堂模式》		2013年3月20日	
蓝　鹏	《学生体质评价加分表》		2013年3月25日	

6. 实践期间的公开课

姓名	日期	周次	班级	内容
苏礼屏	2012年2月20日	第2周星期一第6节	101、103班女生	耐久跑限时练习法（教学叙事）
陈礼梅	2012年2月27日	第3周星期一第4节	206班	“耐久跑”理论课
李壁恺	2012年3月15日	第5周星期四第5节	109、111班男生	“耐久跑教学”第3课时
蔡奕亮	2012年11月1日	第9周星期四第6节	201、203班女生	“竹竿舞、耐久跑”
李壁恺	2013年3月12日	第4周星期二第2节	205、207班男生	“耐久跑、球类活动”
苏礼屏	2013年3月27日	第6周星期三第4节	101、103班女生	“耐久跑、游戏”
李壁恺	2014年12月1日	第14周星期一第5节	109、111班男生	“耐久跑、游戏”
苏礼屏	2015年1月13日	第20周星期二第4节	301、303班女生	“兔子舞、立定跳远”

四、课题研究的社会效益与推广范围

（一）课题研究的社会效益

1. 有利于提高科组体育教师的教育体育教学科研水平。通过课题研究，培养了教师的科研意识，了解到科研程序，体验了科研的过程，整个科研过程就是教师专业化培养的过程，从而培养了一批教育教学科研骨干。有效地带动了科组的科研氛围，不同程度地促进了教师科研水平的提高。

2. 有利于促进体育新课程改革。整个研究过程，我们始终把课题研究与初中新课程改革紧密结合起来，把初中生身心健康及耐久跑教学方法实施途径研究贯彻到教学当中，构建起课改、研究、教学一体化思路。

3. 有利于推动初中学生身心素质教育的全面实施。整个研究过程，我们始终抓住初中生素质教育这个主题，着重培养初中学生耐久跑锻炼方法的创新精神和实践练习能力。同时，通过各种研究活动，全面和有效地提高教育质量。

（二）课题研究的推广范围

在市区及社区范围内推广。课题研究邀请了市体育老前辈广东省体育特级教师林展侠老师进行指导工作，市教育局德育科郑晓老师参加，我们的研究工作和经验受到他们的充分肯定。同时本课题有关成果与参加市中小学田径运动的来自全市各县区的体育老师进行交流、探讨，受到全市体育界同行肯定的推广。

五、本课题尚待进一步研究的主要理论与实际问题

本课题的研究尽管取得很有价值的理论研究成果和应用研究，但仍然存在一些需要进一步研究和探索的问题。我们认为，在理论研究方面，对初中新课程各学习领域的实施途径的研究有些还缺乏深度，分解、细化还不够，落实在课堂上还缺乏一定的力度；在耐久跑应用研究方面，对研究成果的总结、提高还不够；对研究成果的应用推广还缺乏力度。

证书

课题类别：潮州市"十二五"教育科学规划课题

课题名称：耐力跑对初中生身心健康意义的研究

课题编号：czjyky125028

课题负责人：苏礼屏

课题组主要成员：苏礼屏、李璧怡、蔡奕亮、骆楚明、张壮豪、陈礼梅、郑晓、蓝鹏、林展侠

本课题已完成，经审核准予结题，特发此证。

潮州市教育科研领导小组

2015年5月

优秀案例篇1

“耐久跑”教学设计

一、指导思想

潮州市高级实验学校一向根据男、女生生理特征不同的特点，实行体育课男、女分班教学。针对目前大多数初中女生对田径运动的兴趣不高，特别是运动强度大且枯燥的项目，如耐久跑，因此如何更好地贯彻体育与健康课的教学，提高学生的运动兴趣、运动技能、身体健康等方面，是初中体育与健康教学一直追求的目标。本课根据《体育与健康课程标准》理念，以“健康第一”为指导思想，以学生发展为中心，体现学生的主体地位，在教学中运用多种教学方法，启发学生自创、自学、自练、合作练习，发展学生的学习能力，培养合作意识和社会适应能力，形成积极主动的学习与生活态度。

二、教学目标

1. 知识与技能：通过形式新颖的“超越领跑”练习法，培养学生对耐久跑兴趣，掌握科学锻炼及自我监督的基本方法。

2. 过程与方法：通过自主学习、合作探究，让学生体验耐久跑的魅力以及艺术体育的韵律美。

3. 情感态度与价值观：积极思考探究、敢于表现自我、与同伴团结协作。

三、教材分析

本节课的主教材安排“超越领跑”练习法，主要是考虑到耐久跑是一项长时间单一动作重复的活动，运动负荷大，要求学生具备较高的生理机能和心理素质相适应，所以往往会使学生产生厌烦、枯燥无味的感觉，易产生疲劳，甚至有相当一部分学生（特别是女生）对耐久跑产生恐惧的情绪，以致在教学练习中消极应付或偷懒。因此，选择形式新颖的“超越领跑”练习法，学生在练习的过程中既可以在慢跑中恢复体力，积蓄力量，以待更好地超越，又能使学生在超越、领先的过程中充分体验“强者”的感觉，享受成功的快乐，激发学生积极向上的学习热情和竞争意识，培养学生努力完成任务的顽强拼搏精神。另外，通过复习健美操、竹竿舞能让学生体会艺术体育的韵律美和感受民族传统体育的魅力，培养学生的终身体育兴趣。

四、教学方法

本节课根据学生的实际情况和主教材的特点，创设了健美操、超越领跑、竹竿舞、放松操等情景，运动负荷从小到大，技术动作由简到难、循序渐进。另外，通过分组练习、自选练习、模仿练习等多种方法促进师生、生生之间的互动，体验体育的乐趣，达到教学目的。

“耐久跑”教案

班级：初二（1、3）班女生　　人数：54　　授课教师：苏礼屏

<table>
<tr><td>学习内容</td><td colspan="3">1.健美操
2.竹竿舞
3.耐久跑：超越领跑练习法</td><td>场地器材</td><td colspan="3">篮球场2个　标志筒4个　小红旗4面
音响1套　竹竿舞器材6套</td></tr>
<tr><td>学习目标</td><td colspan="7">1.通过健美操练习，让学生体会艺术体育的韵律美，塑造学生良好的体形及体态，同时达到热身的目的。
2.通过竹竿舞练习，发展学生下肢力量和身体灵敏协调性等综合身体素质，让学生感受民族传统体育的魅力。
3.通过形式多样、快慢交替的“超越领跑”练习法，提高学生的耐久跑素质。
4.通过本课练习，培养学生勇敢、果断、拼搏的意志和品质</td></tr>
<tr><td>重难点</td><td colspan="7">教学重点：激发学生的学习兴趣。
教学难点：耐久跑素质的提高</td></tr>
<tr><td>顺序</td><td>时间</td><td>达成目标</td><td>学习内容</td><td>教师指导</td><td>学生活动</td><td>组织形式</td><td>负荷</td></tr>
<tr><td>热身激趣</td><td>约2分钟</td><td>培养学生良好的行为规范和课堂纪律。加强课堂常规及师生关系</td><td>1.体育委员集队，检查汇报人数。
2.师生问好。
3.宣布授课内容、目标</td><td>1.指定集合地点，检查着装，接受学生体委报告，师生问好。
2.宣布本课学习内容、目的和要求。
3.对学生进行安全教育。
4.安排见生</td><td>1.按指定地点成四列横队集合，体育委员整队及检查人数，并向老师报告。（如图a）
2.师生问好。
3.明确学习目标和内容</td><td>○○○○○○○○○○
○○○○○○○○○○
○○○○○○○○○○
○○○○○○○○○○
○
△
图a</td><td>小</td></tr>
</table>

续表

热身激趣	约5分钟	体会艺术体育的韵律美，活动身体各关节，为教学重点内容作铺垫	健美操	教师指导并带领学生进行健美操热身活动	学生在教师的带领下，根据音乐的节拍进行健美操热身活动（如图b）	图b	中
愉悦身心	约12分钟	发展学生的下肢力量	竹竿舞	组织学生集体跳竹竿舞，教师在音乐背景下适时讲解及调动学生热情	学生跟着音乐节奏，分成六组进行竹竿舞（如图c）	图c	中
强体促技	约15分钟	1.提高学生的耐久跑素质。 2.培养学生运动兴趣，提高运动技术	超越领跑练习法： 学生分成四组成一路纵队在跑道上匀速跑进，第一人手拿红旗，最后一名学生加速跑进，超越过第一名并接过红旗，以此类推，直到完成练习规定的时间	1.教师讲解练习的规则。 2.强调练习过程的安全问题。 3.指挥学生有序进行练习	学生在教师的指导下积极进行练习（如图d）	图d	大

续表

恢复身心	约6分钟	调节机体 身心放松 交流体会 分享喜悦	1.放松操。 2.小结。 3.回收器材。 4.宣布下课	1.教师组织学生成同心圆队形，讲解并带领学生做放松操。 2.小结本课学练情况，表扬好人好事，指出存在问题。 3.布置回收器材。 4.师生再见	1.学生成同心圆队形站列。 2.在音乐伴奏和教师的引导下，集体模仿教师做放松操练习，进行全身心放松。（如图e） 3.学生联系自己，了解、总结本节课的掌握情况。 4.帮助收回器材，师生再见	△ 图e	小

“耐久跑”教学设计

一、指导思想

本课依据《体育与健康课程标准》的基本理念，以“健康第一”为指导思想，在教学内容的选择和教学方法、手段运用过程中，始终以学生发展为本，充分发挥学生的主体地位，培养学生的自主学练。自主探究及终身体育意识，学会学习，学会创新，学会合作，在运动中寻找快乐，促进学生的身心健康发展。

二、教学目标

1. 使学生懂得中长跑的呼吸方法。

2. 使学生精神抖擞，情绪高涨地积极投入到高强度的耐久跑中去，并且相互鼓励，永不掉队。

3. 培养学生不怕苦，不怕累，克服困难，战胜困难的意志品质。

三、主教材内容

耐久跑是田径教学的基本内容之一。教学内容：耐久跑练习（呼吸和跑的节奏的配合）。

体育与健康课教案

年级：初二5班　　　　上课老师：苏礼屏

人数：52人　　　　第4周星期二第2节

学习目标	1.使学生懂得中长跑的呼吸方法； 2.使学生精神抖擞，情绪高涨地积极投入到高强度的耐久跑中去，并且相互鼓励，永不掉队； 3.培养学生不怕苦，不怕累，克服困难，战胜困难的意志品质	场地	田径场
		器材	田径场排球2个 篮球4个 篮球场2个 羽毛球2副
教学内容	1.耐久跑（螺旋形跑、“8”字形跑）。 2.球类活动		
教学程序	课堂常规—准备活动（徒手操）—耐久跑呼吸方法练习—球类活动—放松运动—师生再见		

顺序	时间	学习目标	教学内容	教师教学活动	学生学习活动	教学组织	运动量
一	约2分钟	培养学生良好的纪律作风和集体精神	课堂常规： 1.集合、检查人数着装。 2.师生互相问好，安排见习生。 3.宣布本课内容任务，注意事项，导入教学	1.体育委员检查人数。 2.师生相互问好。 3.宣布本课内容及要求。 4.安排见习生	1.服装符合上课要求，成四列横队快、静、齐集中。 2.师生相互问好。 3.宣布本课学习内容和目标	× ☺ 图a	小

续表

二	约4分钟	充分热身，预防运动损伤的发生。提高学生的注意力，激发学生上课的兴趣	准备活动： 徒手操 1.伸展运动。 2.体侧运动。 3.体转运动。 4.踢腿运动。 5.下蹲运动。 6.腹背运动。 7.正压腿运动。 8.侧压腿运动	1.教师讲解练习方法。 2.集体按教师口令进行练习	学生按教师口令做徒手操。 要求：精神抖擞，练习认真，积极配合，动作整齐	× ☺ 图b	中
三	约22分钟	激发学生学习兴趣，体会耐久跑合理的呼吸方法，提高耐久跑的能力	耐久跑练习（教师领跑2—3遍，指挥员领跑2—3遍） 1.螺旋形跑。 2.“8”字形跑。 要求：呼吸和跑的节奏相配合	1.教师讲解有关知识及要求等。 2.组织学生练习： 教师先讲解后带领学生进行练习	认真听讲，在教师或指挥员的指挥下进行练习：采用一路纵队跑，必须一个紧跟一个。保持好队形。跑的时候注意呼吸，不讲话	形式：集体 队形：如图c 图c	中
四	约10分钟	发展学生各自的兴趣和特长，培养自评自练的能力	篮球 排球 羽毛球	教师巡视给予相应的指导，强调安全	认真学习，体会其中的乐趣，学会保护自己预防受伤	形式：分组自由组合	大
五	约4分钟	让学生的心率下降，恢复心血管功能，利于学生身心健康发展	1.放松运动。 2.小结。 3.师生再见	1.老师指导学生积极放松。 2.根据本课学生练习的情况，给予表扬及指出不足地方	1.跟老师做放松运动。 2.对照老师小结找出自己不足之处。 3.师生再见	× ☺ 图d	

续 表

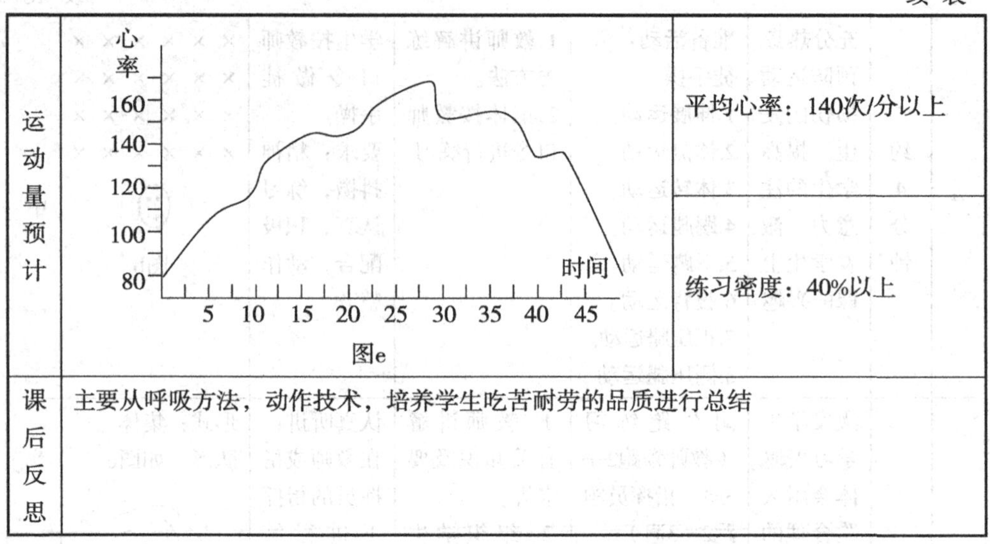

运动量预计	心率 160 140 120 100 80 时间 5 10 15 20 25 30 35 40 45 图e	平均心率：140次/分以上 练习密度：40%以上
课后反思	主要从呼吸方法，动作技术，培养学生吃苦耐劳的品质进行总结	

优秀案例篇2

体育与健康课教案（水平四）

第6周星期三上午第4节　　101、103班女生　　授课老师：苏礼屏

<table>
<tr><td>教学目标</td><td colspan="7">1.认知目标：了解耐久跑技术要素。
2.技能目标：初步掌握耐久跑技术。
3.情感目标：培养学生勇于挑战困难的精神</td></tr>
<tr><td>教学内容</td><td colspan="7">1.耐久跑：一般速度耐力。
2.游戏：找朋友</td></tr>
<tr><td>场地</td><td colspan="2">田径场</td><td>教具</td><td colspan="4"></td></tr>
<tr><td>顺序</td><td>时间</td><td>达成目标</td><td>教学内容</td><td>教师活动</td><td colspan="2">学生学习</td><td>负荷</td></tr>
<tr><td>开始部分</td><td>2分钟</td><td>培养学生良好的纪律作风和集体精神</td><td>课堂常规</td><td>1.听体育委员报告人数。
2.师生相互问好。
3.宣布本课内容及要求。
4.安排见习生</td><td>1.服装符合上课要求，成四列横队快、静、齐集中。
2.师生相互问好。
3.聆听本课内容和目标</td><td>组织：
××××××○○○○○
××××××○○○○○
××××××○○○○○
××××××○○○○○
○
图a</td><td>小</td></tr>
</table>

续 表

准备部分	8分钟	充分热身，预防运动损伤的发生。提高学生的注意力，激发学生上课的兴趣	1.慢跑200米 2.徒手操： 头部运动 肩部运动 腰部运动 腹背运动 膝关节运动 侧压腿运动 正压腿运动 手腕踝关节运动	示范领操，口令指挥学生练习徒手操	1.做徒手操。 2.要求：精神饱满，练习大胆、认真，积极配合，动作有力到位	组织： 成体操队形。 四列横队	中
基本部分	27分钟	提高耐力素质，锻炼学生意志力。放松心情，激发学习兴趣	1.耐久跑： 1000米跑。 2.游戏： 找朋友	讲解耐久跑技术要素：呼吸、摆臂、步法、全力分配。 特别强调呼吸时呼气要呼尽，吸气不宜过深，用口配合呼吸。 介绍游戏方法并组织游戏 学生在慢跑中形成2个圆，男女各1，半径6—7米。慢跑中，听到教师报数，报几，几个同学抱成一团	1.听老师讲解。 2.进行耐久跑练习。 积极参与游戏，听老师报数后，15秒内完成有效，少于多于都为失败	前两圈一路纵队，两圈后根据自身能力加速 图b	大

续 表

结束部分	3分钟	让学生的心率下降，恢复心血管功能，利于学生身心健康发展	1.集合。 2.放松运动。 3.小结。 4.师生再见	1.老师指挥学生积极放松。 2.小结本课的内容，给予表扬，指出不足地方。 3.师生再见	1.跟老师做放松运动。 2.对照老师小结找出自己的不足之处。 3.师生再见	组织： ×××××○○○○○ ×××××○○○○○ ×××××○○○○○ ×××××○○○○○ ○ 图c	小
课后小结							

初二级体育与健康课的设想（水平四）

一、指导思想

随着我国新一轮的基础教育课程改革的实验推进，以往课程内容难、繁、旧的倾向和单一的课堂结构将被全新的能充分体现综合性、均衡性的新课程体系所替代。本课以《体育与健康课程标准》提出的“健康第一”为指导思想，从学习内容、组织形式和教学方法加以改进，内容更贴近学生的生活与需要，形式更吸引学生主动参与，更注重学生的个人才智的发挥和创新。使学生的身、心、社（社会交际能力）得到较全面的发展。

二、教学目标

本课力求以“精讲、巧练”而变教堂为学堂，使学生感到学在其中乐在课中。从教学目标的达成与否出发，在教学内容的选择和授课方法上，一方面鼓励学生主动参与动作的学习和练习，另一方面教会学生如何与同学合作，与团队协作，努力达到身心健康。

1. 通过愉快的热身操使学生的学习状态真正调动进来，快速投入课堂教学，同时也使学生意识到准备运动的重要性。

2. 通过耐力中速跑的练习，让学生进一步掌握耐久跑两三步一呼，两三步一吸的呼吸节奏，发展一般耐力素质；排球正面上手传球练习，提高学生的传球技术能力，培养学生的灵敏性和合作能力。

3. 动听的音乐、轻柔的动作，让师生一起体会到运动所带来的快乐和身心健康。

三、教学特色

本课以女生喜爱的学习内容、多样的练习形式和新颖的练习方法，变枯燥的练习为愉快的学习、合作的练习，充分调动了学生学习的主动性和积极性，让学生学在其中而乐在课中。

体育与健康课教案（水平四）

耐久跑、排球教案

上课班级：201、203女生班　　　　　　学生人数：52人

第14周星期二第6节

<table>
<tr><td>教学目标</td><td colspan="7">1. 认知目标：通过练习，让学生进一步掌握耐久跑的呼吸节奏，发展一般耐力。
2. 技能目标：让学生进一步领悟排球上手传球的技术，提高动作的协调性和连贯性。
3. 情感目标：培养学生发扬互助练习、合作练习的精神，充分展示个人才智，发挥团队的智慧</td></tr>
<tr><td>教学内容</td><td colspan="7">1. 中速跑：800 米。
2. 排球：正面上手传球。
3. 兔子舞</td></tr>
<tr><td>场地</td><td colspan="2">田径场 1 个
篮球场 1 个</td><td>教具</td><td colspan="4">排球 23 个、录音机 1 台</td></tr>
<tr><td>顺序</td><td>时间</td><td>达成目标</td><td>教学内容</td><td>教师活动</td><td colspan="2">学生学习</td><td>负荷</td></tr>
<tr><td>开始部分</td><td>2 分钟</td><td>培养学生良好的纪律作风和集体精神</td><td>课堂常规</td><td>1. 听体育委员报告人数。
2. 师生相互问好。
3. 宣布本课内容及要求。
4. 安排见习生</td><td>1. 服装符合上课要求，成四列横队快、静、齐集中。
2. 师生相互问好。
3. 聆听本课内容和目标</td><td>组织：如图 a
○○○○○○○○○○
○○○○○○○○○○
○○○○○○○○○○
○○○○○○○○○○
○
图a</td><td>小</td></tr>
</table>

续表

准备部分	4分钟	充分热身，预防运动损伤的发生。提高学生的注意力，激发学生上课的兴趣	快乐徒手操七节： 1. 头部运动 2. 伸展运动 3. 肩部运动 4. 体转运动 5. 下蹲运动 6. 踢腿运动 7. 跳跃运动	1. 教师喊口令，提示动作。 2. 示范领操，随着音乐带领学生做徒手操，眼神督促学生	学生练习： 1. 跟着老师做。 2. 要求：精神饱满，练习大胆、认真，积极配合，懂得准备活动的重要性	1.组织：两组面对面，如图b。 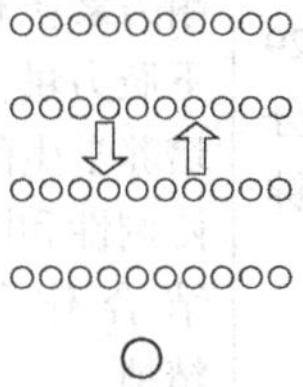 图b 2. 四列横队成体操队形	中
基本部分	29分钟	进一步掌握耐久跑的呼吸节奏，发展一般耐力。培养学生团队协作精神	中速跑： 800 米。 重点与难点：两三步一呼，两三步一吸	1. 讲解其中的要点和难点，以及注意事项。 2. 口令指导学生进行练习，引导加强呼吸调节。 3. 鼓励学生完成任务	1. 四路纵队沿跑道前进。 2. 进一步体会两三步一呼，两三步一吸的呼吸节奏。 3. 按要求努力完成任务	组织：如图 c 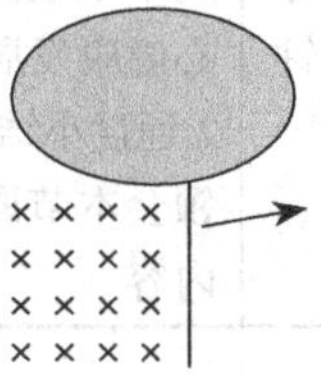 图c	大
		进一步掌握排球传球技术，全面提高身体素质，激发学生的学习兴趣和积极性	排球：正面上手传球	1. 教师讲解、示范动作，提出注意事项。 2. 巡回指导，了解学生技能掌握情况，纠正学生错误动作	1. 集体徒手模仿练习。 2. 二人一组面对面做一抛一传练习；8—10 次。 3. 二人一组面对面进行对传练习。 要求：团结协作，掌握技术动作，听从指挥	组织：围成两个圆圈二人一组面对面，如图 d 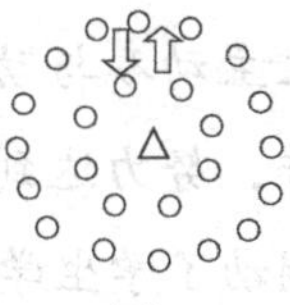 图d	中

续表

基本部分	29分钟	通过练习，发展学生的耐力素质和下肢力量，培养学生的协调性和团结合作等精神	兔子舞：模仿兔子跳集体舞	1. 教师讲解、示范，讲明前进路线。 2. 教师先领舞，后由学生体育骨干领舞。 3. 教师引导、督促	1. 认真听讲，领会动作； 2. 跟随老师或体育骨干进行练习； 3. 团结协作才能完成得更成功	组织：如图e 图e	大
结束部分	5分钟	1. 让学生的心率逐渐下降，恢复心血管功能，利于学生身心健康发展。 2.通过小结，领会本节课内容	1.放松运动。 2. 总结本节课。 3. 宣布下次课内容。 4. 师生再见	1. 老师指挥、带领学生积极放松。 2. 小结本课的内容，给予表扬，指出不足地方。 3. 师生再见	1. 跟老师做放松运动，师生一起随着音乐节拍进行放松。 2. 对照老师小结，找出自己不足之处。 3. 师生再见	组织：同图f，面向圆心 △ 图f	小

附：

课后小结

一、教学心得

本课力求以“精讲、巧练”而变教堂为学堂，使学生感到学在其中乐在课中。从教学目标的达成与否出发，在教学内容的选择和授课方法上，一方面鼓励学生主动参与动作的学习和练习，另一方面教会学生如何与同学合作，与团队协作，努力达到身心健康。同时变枯燥的练习为愉快的学习、合作的练习，充分调动了学生学习的主动性和积极性，让学生学在其中而乐在课中。

主要表现：①该课构思巧妙，组织形式独特。②边教边学，学中有育，让学生在学习、体会动作的过程中，学会欣赏美的身体形态，体会自信带来的满足感。③课的组织结构合理，运动负荷适中，学生的身心健康得到较全面的发展。④该课充分体现出中学生活泼向上、自主创新的特点，同时让音乐进入课堂，课堂气氛活跃，师生关系和谐，是一节优质的教学示范课，教学效果好，评价高。

二、教学延伸

本课通过新颖的练习手段和教学方法，让学生从中得到运动的乐趣，得到美的教育：

1. 动作美：通过重复不断的练习，让学生熟悉掌握动作技术、技能，如耐久跑的跑姿、摆臂、呼吸节奏；排球的传球手型、脚步移动等。从而让学生体会到练习动作的美感和美观。

2. 形态美：通过强化练习，不断锻炼，让学生体会运动带来的身体形态美，使学生养成每天坚持运动的习惯。

3. 欣赏美：通过个别学生展示，让学生充分感受到运动带来的美感，学会懂得欣赏运动，欣赏体育，愉悦身心。

4. 心灵美：运动不但能体现动作美、身材美、欣赏美，同时通过全作练习、协作练习、个性彰扬，体会学生的内心美、综合美和个人整体素质。

三、专家点评

该课是一节比较完美的课。能充分体现《体育与健康课程标准》的教学目标和要求，练习密度和运动负荷适中，学生的身心健康得到较全面的发展。同时该课力求让学生在运动中体会到乐趣，在乐趣中体会美的感受。如果能在课的教学过程中让学生参与自我评价或相互评价，将达到更佳效果。更能使学生更好地感受到体育课带来的无限乐趣和身心快乐。

蓝　鹏

“耐久跑之运球接力”教案

班级：205、207班女生　　人数：48人　　教师：苏礼屏

第15周星期四第4节

<table>
<tr><td>学习内容</td><td colspan="4">1.篮球：原地运球练习。
2.游戏：运球接力跑</td><td>场地器材</td><td colspan="3">篮球场1个
篮球48个
录音机1台</td></tr>
<tr><td>学习目标</td><td colspan="8">1.学习运球的技术，初步体会其动作要领。
2.通过游戏学习，提高学生耐久跑能力。
3.发展学生的上肢力量、速度和协调性等身体素质。
4.培养学生团结协作的能力及集体主义精神</td></tr>
<tr><td>重难点</td><td colspan="8">教学重点：运球时手、脚及身体的协调配合。
教学难点：学生的耐久跑素质</td></tr>
<tr><td>顺序</td><td>时间</td><td>达成目标</td><td>学习内容</td><td>教师活动</td><td colspan="2">学生活动</td><td>组织形式</td><td>负荷</td></tr>
<tr><td>准备部分</td><td>约3分钟</td><td>培养学生良好的行为规范和课堂纪律</td><td>1.集合、检查人数和服装。
2.师生问好。
3.宣布授课内容及注意事项。
4.安全教育</td><td>1.教师认真落实教学常规，注意语言和蔼可亲。
2.宣布本课学习内容、目的和要求。
3.对学生进行安全教育</td><td colspan="2">1.上课队形：四列横队（如图a）
2.师生问好。
3.明确学习目标和内容</td><td>○○○○○○○○○○○○
○○○○○○○○○○○○
○○○○○○○○○○○○
○○○○○○○○○○○○
▲
学生
教师
▲
图a</td><td>小</td></tr>
</table>

续 表

开始部分	约9分钟	体会艺术体育的韵律美，活动身体各关节，为教学重点内容作铺垫	健美操	教师指导并带领学生进行健美操热身活动	学生在教师的带领下，根据音乐的节拍进行健美操热身活动（如图b）	图b	中
基本部分	约25分钟	使学生初步领会运球的动作要领，掌握正确的技术和用力顺序，提高学生的上肢力量和协调性	原地运球： 1.教师讲解运球的技术要领。包括身体姿势、手臂动作、球的落点和手脚协调四个主要环节。 2.教师示范运球的正确姿势。 3.教学重点：运球的正确动作。 4.教学难点：手、脚及身体的协调性	1.提问学生并导入课题。 2.讲解及强调重、难点。 3.教师完整动作示范1—2次。 4.在学生练习时适当对学生安全教育或品德教育。 5.组织学生进行原地运球练习。 6.师生互动，请学生典示，教师点评，及时辅导和纠错	1.认真听教师讲解。 2.按图c分组进行练习3—5分钟。 3.练习中认真领会动作，准备回答教师的提问。 4.学生典范	图c	大
		活跃课堂气氛，发展学生的耐久跑素质；培养学生团结协作的精神	游戏：运球接力 1.方法：将学生分为人数相等的两大组，每大组再按单、双数分成两小组，两组分别成四列纵队站在球场限制区腰线的外侧，同侧两小队排头各持球，开始之	1.讲解游戏方法及规则。 2.对学生进行集体主义教育。 3.组织学生进行练习。 4.讲评、小结及指出问题	1.认真听教师讲解游戏方法及规则。 2.按图d进行游戏。 3.认真讨论并总结经验	图d	

续表

基本部分	约25分钟		后，持球学生运球跑向对面，然后递给对面的同伴后排到队尾，下一人同样运球过来，如此往返。 2.规则：不能抢跑，如果球失控要将球拾回来从起点重新开始运球，先完成的组获胜				大
结束部分	约3分钟	使学生身心得到充分的放松	1.放松操两节 ①上下肢放松； ②全身放松。 2.课堂小结 3.师生再见	1.带领学生做整理运动。 2.表扬表现好的学生及指出不足	1.按图e在教师的指导下做整理运动。 2.认真听小结	△ 图e	小

附：

“耐久跑之运球接力”课后小结

课后小结是指老师在上完一节课之后的经验总结，但大部分体育教师只重视眼前的体育课，而缺少“课后小结”这一环节，不经意间重复着“昨日的错误”。因此，在上完每节体育课之后，我们都有必要进行小结。下面对该节课“耐久跑之运球接力”进行小结。

1. 新颖的教学设计。耐久跑是一项长时间单一动作重复的活动，所以往往会使学生产生厌烦、枯燥无味的感觉，易产生疲劳，甚至有相当一部分学生（特别是女生）对耐久跑产生恐惧的情绪，以致在教学练习中消极应付或偷懒。因此，本节课的耐久跑练习方式避开简单枯燥的绕圈跑，而采取运球比赛的游戏，让学生在欢乐的氛围中掌握到篮球技术的同时也提高耐久跑的素质，培养学生运动兴趣及其良好的意志品质。从本节课来看，大部分学生都能热情高涨并积极地参与到活动中来。

2. 教法和学法。本节课根据学生的实际情况和主教材的特点，创设了健美操、原地运球练习、运球比赛、放松操等情景，运动负荷从小到大，技术动作由简到难、循序渐进。另外，通过分组练习、自选练习、模仿练习等多种方法促进师生、生生之间的互动，体验体育的乐趣，达到教学目的，从本节课的情况来看收到了不错的效果。

3. 课堂上还原学生的主体地位。要实施素质教育，课堂教学就必须体现学生的主体地位，这一点在体育课上显得尤其重要。要使学生真正成为学习的主人，教师必须在体育教学中，给学生一定的自由空间，让学生大胆去选择和尝试，诱导学生通过自主练习独立地去探究、去积累经验和展能力。因此，本节课的健美操练习部分，教师让学生听音乐节拍，大胆表现自我。

4. 本课无论是教学设计、教学方法，还是练习方法、练习手段和练习形式，都充分体现了一种美的感受。组织纪律教育体现了学生的精神美；健美操和放松操教学体现了形态美；运球接力展现了学生的运动美和体态美。

总之，本人认为体育课必须要突出学生的主体地位，以学生的兴趣作为导向，变“要我练”为“我要练”。传统的练习法未必就适合现在的学生，因此在备课中我们要多花心思去选择学生感兴趣的练习方法。

2．教法和学法：本节课根据学生的实际情况和主教材的特点，创设了比赛情境，采用[illegible]练习、[illegible]比赛、教师讲解示范等[illegible]，使技术动作由简到繁、循序渐进。另外，通过分组练习、合作练习、轮换练习等多种方法促进师生、生生之间的互动，体验体育的乐趣，达到教学目的，从本节课的情况来看收到了不错的效果。

3．研究[illegible]学生的主体地位。要体现新课程改革，就要在体育课堂体现学生的主体地位。[illegible]在体育课上选择[illegible]要[illegible]学生真正成为学习的主人。教师必须在体育教学中，给学生一定的自由空间，让学生大胆尝试，[illegible]的能力。因此，本节课的[illegible]练习部分，教师让学生[illegible]，大胆表现自我。

4．本课从[illegible]设计、教学方法、练习方法、练习手段和练习形式[illegible]体现了一种[illegible]，细致地体现了学生的精神面貌，[illegible]体现了[illegible]，展现了学生的活动美和体态美。

总之，本人认为本节体育课[illegible]体现了[illegible]。以学生的兴趣作为[illegible]，变"要我练"为"我要练"，[illegible]学生。因此，在备课中还需要多花心思去选择学生易于接受的练习方法。

论文篇

耐久跑几种教学练习法的尝试

耐久跑是《体育与健康》教学大纲规定的必修教材之一，受场地限制关系不是很大，比较容易开展，并且健身价值很高。通过耐久跑锻炼，不仅可以发展学生的耐力、增强心肺功能，还可以培养学生吃苦耐劳的精神、顽强拼搏的作风和坚忍不拔的意志品质。

然而，在对学生进行耐久跑的教学中发现经常会出现“三多”现象（请假多、叫苦多、投机取巧多），因此，我不断变换教学方法和练习手段，积极引导学生参与练习，提高学生对耐久跑的兴趣，让更多学生不再惧怕耐久跑。

在近二十年的教学实践中，我在耐久跑教学中采用了很多很多的教学练习方法，有“螺旋形跑”“蛇形跑”“8字形跑”等图形跑练习法；有跳绳练习、台阶练习、跨越练习等素质练习法；有在跑步中穿插高抬腿跑、深蹲跳、单足交换跳等跳跃动作的变换动作练习法；还有折返跑、间歇跑、变速跑、重复跑等练习方法。但通过下面几种练习方法，在耐久跑的教学中取得了不一样的效果。

一、几种不同的耐久跑练习法

（一）自然地形跑练习法

我校依山傍水，环境优美，学生在校园跑步是一种“享受”。我根据学校环境，先制订好跑进路线，交代给体育委员或体育尖子。学生分成两路纵队，按顺序跑进，先在田径场（200米）上慢跑两圈，然后由体育委员或体育尖子领跑，老师在队伍中间指挥、指导，提醒学生注意安全，督促学生按指定线路跑进，2—3遍，约1500—2000米。

一方面，自然地形跑对于学生有较强的新鲜感，学校环境学生也比较熟悉，有利于组织教学。同时，老师与学生一起跑步，创造了良好的学习氛围，增进师生间的情感交融，创造“和谐”课堂。而另一方面，在跑进过程中老师应加强安全教育，防止学生出现意外，学生的跑进线路应尽量在老师的视线范围内，时刻用眼睛“监督”着学生。

（二）列队变向跑练习法

由身体素质比较好的学生担任领跑，其他学生在其后依次排成二至四路纵队。教师以手势或信号指挥、调动领跑者，按照场地所画出的路线进行变向跑步练习。教师可以随时发出信号，改变跑动力方向，其目的在于集中学生注意力，提高练习兴趣。教师也可以随时指挥队伍变换形式，如击掌跑步，既整齐又可以欣赏跑步的节奏，调节气氛，还能让学生从中享受练习的乐趣，也可以通过呼口令“一二一”“一二三四”等形式，使学生精神振奋。在此基础上可根据学生体力的具体情况，适当增减时间，加大或降低运动量和强度。

教学手段多样化，以不断改变队形和路线，防止学生产生厌倦情绪，激发学生参与的主动性和练习热情。练习时不规定时间、圈数，只要求队形整齐，减轻学生的心理压力，降低紧张程度。

（三）超越、领跑练习法

学生分成四组（约15人）一路纵队在跑道上匀速跑进，第一人手握接力棒或小红旗。当队伍跑出约30米后，最后一名学生开始从队伍的右上方加速跑进（其他人均以匀速跑进），当超越至第一名后，接过接力棒（或小红旗）后立即恢复原来的跑速开始领跑，并把接力棒（或小红旗）举过头。这时最后一名学生看到接力棒（或小红旗）时按前一名同学的方法跑进……依次类推，直到完成规定的练习距离（一般设定为1200—1400米）。

这样快慢交替的变速跑，学生既可以在慢跑中恢复体力，积蓄力量，以待更好地超越（加速跑），又能使学生在超越、领先的过程中充分体验“强者”的感觉，享受成功的快乐，激发学生积极向上的学习热情和竞争意识，培养学生努力完成任务的顽强拼搏精神。

（四）限时练习法

通过限制一定的时间，让学生按照自己的体能和耐力素质来完成耐久跑，体能强的学生跑快点、跑长点，体能较弱的学生跑慢点、跑短点。限制时间可以由6分钟开始，逐渐增加到8分钟、9分钟……12分钟等等。

学生开始两路纵队跑进，之后随着个人的速度不同可以超越。在学生练习的过程中，要不断提醒学生注意调整呼吸，当学生开始出现“极点”时，指导她们深呼吸，克服眼前困难，用“加油”“努力”“坚持就是胜利”等话语鼓励学生完成任务。由于练习前我给学生讲过什么是“极点”，如何调整呼吸，再加上练习过程中的不断鼓励，教学取得良好效果：第一次尝试上课的101、102两个班共59个女生全部完成12分钟限时跑，最长的跑了2200米，最短的也跑了1500米。虽然学生有的跑得多有的跑得少，也有个别学生用跑、走交替，但最终都能坚持跑完12分钟，这对于刚进入初中阶段不久的学生，特别是女学生来说是件不容易的事。

限时跑练习法是耐久跑教学中常用的一种练习方法。因为这种练习方法比较简单、容易组织，而深得体育教师的采用。这种练习方法能充分发挥学生的自身体能和耐力素质，能激发学生的潜能，使学生超越自我局限。

（五）游戏练习法

通过游戏的形式进行耐久跑的锻炼，可以使学生在欢快、轻松、有趣的游戏中减轻身体的不适反应。

一般游戏可选择强度大、时间稍长，并以大多数学生活动为主，可采用追逐、接力、过障碍等游戏，有跑、跳、蹦、绕等方式。教学中可选用复式游戏以增加强度。如“呼啦圈套人”游戏，是在规定的场地内，由一人持呼啦圈跑动套人。在用耐久跑游戏时，可增大原来场地，改3人或5人持圈，追逐“套人”，这样同学们就要不停地在规定场地奔跑以躲避可能在前后左右出现的“套圈人”，既增加了趣味性、灵活性，又增加了耐力，深受学生欢迎，达到了积极参与练习的目的。

二、实践调查

（一）实践内容

以上五种耐久跑教学练习法。

（二）实践时间

2011年11月—2012年3月（2011—2012年度第一学期第14周至19周，第二学期第1周至第8周）。

（三）调查对象

2011年9月入学的初一级新生101班、102班、103班、104班女生共107人。

（四）调查结果

教学练习方法	很喜欢	一般喜欢	不喜欢	不喜欢原因（主要原因）
自然地形跑练习法	81	15	11	容易伤到踝关节
列队变向跑练习法	21	30	56	难度太大
超越、领跑练习法	90	14	3	有点累
限时跑练习法	53	32	22	时间不要太长
游戏练习法	92	13	2	太累

（五）调查评价

学生普遍喜欢有趣味性、挑战性的练习法。比如，采用超越、领跑练习法和游戏练习法时，虽然有学生觉得累，但大多数学生都非常喜欢，而且任务完成得很好。很多学生都表示希望再采用此类练习方法练习耐久跑。

三、自我评价

教学练习方法	自然地形跑练习法	列队变向跑练习法	超越、领跑练习法	限时跑练习法	游戏练习法
组织难度	中	难	中	易	中
教学效果	好	中	好	好	好

四、结语

追求乐趣是人们参与运动最基本的动机，要使学生能积极参与运动，就必须想办法让学生体验到运动带来的快乐。只要我们老师多动脑筋，多想办法，多采用不同形式的练习方法和教学手段，完全可以把枯燥乏味的耐久跑练习变得乐趣多多、其乐无穷。

参考文献

[1] 易保红. 提高女生耐力跑的趣味性[J]. 安徽体育科技，2001（3）.
[2] 梁建中. 耐力跑趣味性训练12法[J]. 小学教学研究，1998（8）.

“记账式”练习法在耐力跑教学中的运用

耐久跑是一项比较枯燥的训练，并且在训练过程中还会消耗大量的体能，许多同学都难以坚持。在日常教学工作当中，很多学生都会对耐久跑形成惧怕心理，导致课程难以开展。本文就对如何使用“记账式”练习法，开展耐久跑教学进行了研究。

关键词：记账式练习法　耐久跑教学　运用

“记账式”练习法是一种定时定距的练习方法，规定固定距离的默认时间，对学生练习时节省的时间和超出的时间记账，并针对不同学生的完成情况对之后的练习计划进行制订，科学地对学生的练习进行调整。利用该方法能够调动学生的练习积极性，从而提升耐久跑的教学效率。

一、耐久跑教学的意义和现状

（一）耐久跑教学的意义

耐久跑教学是初中体育教学的关键内容，依靠该项教学可以提高学生的有氧耐力，提高学生的身体素质，并且可以磨炼学生的意志品质，让学生有更加坚定的心理。学生在初中阶段，身体变化会很大，这就需要重视体育教学工作，并且和学生的成长情况紧密结合，建立科学的教学模式，促进学生的成长。为此，需要把握好耐久跑的教学环节，使用合理的方法调动学生的积极性，让学生更好地投入到训练和学习当中，促进学生的成长。

（二）耐久跑教学的现状和问题

耐久跑也可以称为中长跑，教学和训练不受到场地限制，通过学习学生能够提高体能，并锻炼意志品质。但是相比其他运动项目，耐久跑的教学难度是比较大的。主要是因为耐久跑的生理负荷非常大，而且练习过程枯燥单调，学生在练习过程中很容易产生畏难情绪，从而不配合教师完成学习任务。特别是在800米跑这个项目上，由于需要进行有氧和无氧的混合代谢，使得对学生在有氧和无氧的功能能力上都有很高的要求，很多学生都难以忍受，甚至在练习之后容易出现晕厥的问题。为了提高教学的安全性，以及一些学校对于耐久跑教学的不重视，体育教师往往会在教学过程中将耐久跑内容做简化，只进行一些简单的讲解和示范，并不会带领学生进行专门的练习，一些学校甚至直接删去了教学内容，使得学生并不能学到中长跑的相关技术，从而难以达到教学目的。并且，由于之前对体育教学重视程度的不足，学生的身体素质在连年下降，尤其是耐力素质难以满足健康要求。

二、“记账式”耐久跑使用方法

（一）制定重复跑的时间距离并组织学生

在开始教学工作之前，需要结合学生的身体情况，对奔跑距离和时间进行确定，例如对于九年级学生，重复跑的单圈距离可以设置为300米，单圈的时间为70秒，建议总共练习七圈，在保证练习量的同时也不会超过学生的承受能力。

（二）根据学生重复跑的情况来进行奖励和惩罚

学生每进行一圈的练习，都需要记录学生的单圈成绩，比如在某一圈学生用55秒完成了300米任务，由于比规定时间少用15秒，学生就赚了15秒的时间，但是如果学生在后面某一圈用了79秒完成任务，学生就损失了9秒的时间。学生的成绩要累计在一起，经过五圈之后，对学生的完成情况进行衡量，根据学生赚取的时间长短来确定奖罚标准，以下为建议的奖罚标准：

（1）累计赚取秒数在40秒及以上的学生，可免跑第六圈、第七圈；

（2）累计赚取秒数在30—40秒的学生，可免跑第七圈；

（3）累计赚取秒数在30秒以下的学生，则第六圈、第七圈不予免跑，但可将剩余秒数分别加在后两圈上，总成绩控制在70″×7＝490″ +30″ 之内；

（4）赚取的秒数可以使用在下节课，比如可将50％留在下一次课内使用。

（5）累计秒数超过70″×7＝490″ 的学生，需要加强训练，则每超过15秒多跑一圈，但是增加圈数并不会计入完成的总时间。

三、“记账式”练习法效果分析

（一）学生的完成情况

在每一圈结束后，教师都需要将学生的成绩记录下来。在第一圈结束的时候，由于学生体力很充沛，所以一般有很高的积极性和兴奋度，并且没有人出现疲劳的现象。这种情况下学生一般都能够按照要求完成任务，并且能够赚取很多时间。在五圈之后，学生完成了第一阶段的训练，这时教师需要组织学生休息，并对之前的成绩进行汇总计算，将学生在五圈之后赚取和损失的时间统计起来，分析学生的累积成绩。

学生本身就存在身体素质上的差异，因此五圈之后没能完成任务的学生通常并不是因为不努力，主要来自他们本身的耐力就很差，身体基础素质有很大不足。因此在训练的最初，可以不给学生增加训练的圈数，可以对身体素质相对较差的学生降低要求，并且予以相应的鼓励，促进他们在今后的进步。

（二）教学当中的注意事项

在教学当中要切忌一刀切的方式，由于学生发育情况和身体素质在初中阶段差别很大，因此需要根据学生不同的身体素质对每一圈都提出不同的要求。例如对于身体相对比较差的学生，可以要求他们前两圈的时间在70秒，但是第三、四、五圈都是80秒。而对于身体素质较强，成绩较好的学生，也可以提出更高的要求，例如在最后的时间上有更严格的要求等。教师在利用“记账式”练习法后，可能够给教学带来更多的乐趣，让学生在跑步上更加积极。但另一方面，教师也必须要注重学生技术水平的提升，包括如何控制跑步时的呼吸和节奏，并且教会学生如何合理分配体力，在提升学生积极性的同时，也帮助学生技术水平提升，更大幅度地提高学生的训练效率。在教学过程中，还需要注意加强运动负荷的检测，让学生能够掌握自我检测运动负荷的方法以及强度大小的比值，使学生能够进行自我诊断，避免由于练习强度过高导致学生受伤，提高学生的运动安全意识和自我保护能力。

四、耐久跑教学的改进方法

（一）创造良好的学习氛围

由于耐久跑教学本身比较枯燥，所以在教学过程中学习氛围的创造十分重要。教师可以利用情景教学有意识地营造轻松愉快的教学气氛，避免学生在练习过程中心理压力过大。教师在学生训练时也需要给学生进行心理暗示和鼓励学生，减少学生在练习过程中的不安，让学生具有更强的克服困难的心理。比如教学过程中教师可以专门播放一些可以鼓舞斗志的音乐，提高学生的兴奋程度。

（二）丰富教学方法

除了本文重点强调的“记账式”教学法以及教师平时所使用的常规教学方法之外，还需要采用及时跑、重复跑、变速跑等形式的教学或练习方法，通过丰富的教学方式使用，来提高学生的学习兴趣。教师在上课过程中还可以专门开展一些比赛和游戏，让学生在竞争以及娱乐当中更好地学习。

（三）结合思想品德教育

在耐久跑教学中，还需要和思想品德教学相结合，给学生渗透相互帮助的精神，引导学生克服困难，提高他们的社会适应能力，使学生减少在思想上对耐久跑的抗拒，认识到耐久跑对意志品质锻炼、身体素质提高的作用。也可以在耐久跑练习中，运用暗示法、体验法、激励法、时机捕捉法，对学生进行适时的思想教育，改善学生的意志品质。

五、结语

耐久跑对于学生的影响是多元而且长远的，因此学校必须要对体育课程中的耐久跑予以重视。在使用“记账式”练习法时，教师需要根据不同的学生灵活进行安排，并且予以学生足够的鼓励。教学过程中，要使用丰富的教学方法，与“记账式”练习法配合，让学习变得更有趣味，提高学生的积极性。

参考文献

[1] 丁元江，徐伟伟."记账式"练习法在耐力跑教学中的运用[J].体育教学，2018，38(8).

[2] 陈雪峰.提高中学生耐力跑教学效果的思考[J].科技信息，2011(8).

[3] 曲军兴，潘梅萍.心理训练方法在耐力跑教学中的运用[J].安徽体育科技，2000(1).

[4] 董晓.耐力跑教学兴趣法[J].运动，2013(7).

[5] 闫顺利.解析我校中学体育耐力跑的教学方法[J].科学大众(科学教育)，2010(11).

阳光体育运动之耐久跑

青少年身心健康、体魄强健、意志坚强、充满活力，是民族旺盛力的体现，是社会文明进步的标志，是国家综合实力的重要方面。党和国家高度重视青少年的体育工作。学校体育教育既是学校教育的重要组成部分之一，又是青少年体育教育的直接实施者。

开展阳光体育是针对目前青少年体质健康的状况而提出的一项加强学校体育工作的重要措施。旨在全面贯彻党的教育方针，认真落实“健康第一”的指导思想，在青少年学生中掀起群众性体育锻炼热潮，切实提高学生健康水平。“每天锻炼一小时，健康工作五十年，幸福生活一辈子。”应转化为青少年的实际行动。作为阳光体育运动之一的耐久跑是冬春季学校体育教学的重要内容。如何有效地开展耐久跑运动，是近几年来我们在教育教学中不断探索和研究的重要内容。通过在教学中的不断探索和改进，采取一些有效的教学方法、练习手段和措施，不断积累经验，逐步提高学生的耐力素质。

一、问题的提出

每学期的耐久跑考核，是大多数学生特别是女学生觉得最头痛的一件事。很多学生害怕耐久跑，不敢跑，甚至一听说是上耐久跑的内容就被吓“跑”了。所以，针对目前初中学生身体素质特别是耐力素质的不断下降，学校体育教育应全面重视，认真落实阳光体育运动计划，使耐久跑成为学生喜爱、自觉锻炼身体甚至是终身体育锻炼的一种方法。

二、调查问卷

针对以上这种情况，我对我校初一级（2008年9月入学的）学生进行抽样调查，在11个班645人中抽出300人，男女生各150人。做以下问卷调查：①你是否喜欢耐久跑运动；②除了体育课，你是否经常参加耐久跑运动；③耐久跑成绩平均分（男生1000米，女生800米）。调查结果如下表：

你是否喜欢耐久跑运动

项目 性别	不喜欢		一般		喜欢		平均成绩
	人数	%	人数	%	人数	%	
男生	124	82.7	41	27.3	15	10	4′ 48″ 3
女生	111	74	45	30	24	16	4′ 23″ 2

除了体育课，你是否主动参加耐久跑运动

项目 性别	从不参加		偶尔参加		经常参加	
	人数	%	人数	%	人数	%
男生	140	93.3	8	5.3	2	1.3
女生	139	92.7	6	4	5	3.3

从以上两个表可以看出，喜欢耐久跑和主动参加耐久跑运动的男女学生都比较少，平均成绩也比较差。所以必须采取一些有效的方法和措施来引导学生进行耐久跑练习，不断提高学生的耐力素质和身体健康的整体水平。

三、采取的方法与措施

耐久跑的开展能有效促进学生体质健康的增强，同时也能培养学生的吃苦耐劳、勇于拼搏等优良品质。要真正提高学生的耐力素质，就必须课内、课外一起抓，才能有更好的效果。

（一）课内认真组织，培养兴趣，提高教学质量

1. 课前宣传、动员，调动积极性。

利用室内课或理论课，加强宣传力度，对学生进行动员。让学生明确耐久跑的作用、耐久跑的准备活动、耐久跑中应注意哪些方面以及跑完耐久跑应怎

样做好放松运动等等。使学生掌握一定的理论知识，有较充分的思想准备和参与的积极性。这样课堂上开展耐久跑就顺利得多，效果也就好。

2. 课中趣味教学，提高学习兴趣，取得预期效果。

耐久跑属于动作单一、周期性长的运动项目，如果课堂上不采用一些趣味性较强的练习手段，只用同一种形式和单一的内容重复练习，往往会引起学生的厌学情绪。为此，在长期的耐久跑教学中我不断积累经验，有意识地采用各种趣味性较强的练习或比赛，激发学生的学习热情，有效地提高了学生参与耐久跑的积极性，并取得了良好的效果。

（1）活力兴趣跑：针对学生实际情况组织各种形式不同的耐久跑练习，让学生充分体验运动的乐趣，增强信心。如“螺旋形跑”“蛇形跑+直线跑+五角星跑”或“‘8’字形跑+直线跑”“兔子舞”等，还有小组的“分组火炬传递跑（短距离变速跑）”、超越障碍跑、校园越野跑等等，还有很多有趣的练习方法，目的就是让学生体验到运动的乐趣，不要总是以为耐久跑就是枯燥无味的，就是“辛苦”的代名词。

（2）设定目标跑：在教学时设定不同的目标，如距离目标、心率目标或时间目标。设定距离目标要注意循序渐进，逐渐增加距离，如女生从600米、男生从800米开始，逐步增加到1000米、1500米、2000米等；设定心率目标时我教给学生把脉的方法，用脉搏来检验自己的运动强度；设定时间目标时由少到多，男生从5分钟、女生从4分钟开始，逐步增加时间，这个方法收到很好的效果，同时不断鼓励学生，让他们觉得“你行，我也行，大家都行”。使每个学生都能够完成任务。

（3）教学竞赛跑：上课时与同年级的其他科任老师合作，分班赛、小组赛和个人赛。利用一至二节课进行竞赛，学生自愿分成人数相等的若干小组，按规定的距离跑完全程，既计小组成绩，也计个人成绩。同时各班进行班级竞赛，并在年级公布，表扬先进及进步者，给予适当的奖励分。进一步激励学生顽强拼搏、团结进取的运动精神。

3. 课后小结，表扬、鼓励。

每一节耐久跑课的最后都要进行小结，表扬班集体的优点及个人的进步，对课堂中存在的问题进行及时分析，对该课应掌握的知识进行点评，如该节课要让学生明确耐久跑的意义、耐久跑的运动极点等，下一节让学生知道跑完全程后该怎样做好自我放松等。让学生在每一节中都能得到一点理论知识，使学生理论联系实际，真真正正轻松运动。

（二）课外组织活动或竞赛

如长跑起跑仪式、班级累计积分比赛、长跑竞赛、师生同跑同锻炼等等，这些活动给课堂教学以大力支持和促进作用，大大提高学生参与耐久跑的积极性，同时也产生全校性效应，更好地推动耐久跑这项阳光体育运动。

四、取得效果

通过一年多的实践，耐久跑活动已经取得初步效果：

（1）长跑活动已经成为全校师生的热点话题，学校运动氛围更加浓厚，每天晚上放学后操场总是“人山人海”，可见健康意识已逐步深入人心。

（2）大部分学生能坚持每人进行长跑运动，跑的距离也在不断增加。

（3）在调查表更多地出现“喜欢”“有信心”等字眼。

（4）被调查学生的耐久跑平均成绩大幅度提高，女生达到3′50″1，男生达到4′18″3。

通过各项活动，有效地提高了我校学生的耐久跑素质，学生的耐久跑成绩有较大的提高。学校也继续在开展各项活动，以促进耐久跑运动的不断升华。我也继续努力，在教学第一线上为阳光体育、为耐久跑运动“走进每一位学生心中”做出自己应尽的职责。

五、倡议：让运动进入生活、进入家庭

（一）只有体育教师切实践行终身体育的理念，才能最大限度地挖掘体育的内涵

教师只有上好每一节体育课，开展丰富多彩的体育活动，为学生参与“阳光”体育活动创造一个良好的平台。让学生树立终身锻炼身体的观念，坚持每天进行锻炼，体育运动才能真正深入学生的心中。

（二）取得家长的配合和支持

家庭的价值观直接影响孩子的健康观。如果体育运动特别是长跑运动能取

得家长的支持和帮助，如周末家长陪同孩子一起跑步，既锻炼身体，又培养亲子感情。这样更能达到事半功倍的效果。那么耐久跑将不再是学生所惧怕的体育运动项目，而是家长、老师、学生都喜爱的阳光体育运动。

参考文献

[1] 宋尽贤，陈永利.让广大青少年学生在金色的阳光照耀下健康成长[J].中国学校体育，2008（4）.

[2] 唐毅.趣味阳光长跑[J].中国学校体育，2009（1）.

“学、练、赛、评”教学模式研究
——以八年级耐久跑教学为例

田径运动项目是各项运动的基础。田径运动又是锻炼学生身体、全面发展学生身体素质和对学生进行意志品质教育的有效手段。但田径项目特别是耐久跑学习起来比较枯燥，怎样把枯燥的教学转为学生感兴趣、自愿主动去学，是本课题研究的重点。通过教学，发展学生的耐久跑能力，培养学生坚毅、吃苦耐劳等意志品质，让学生在耐久跑运动中体验成功、培养自信、获得身心愉悦。

一、研究目的

通过本课题的研究，以多样化的游戏教学、比赛形式的练习和活动发展学生的身体素质，努力把枯燥的田径运动项目发展为趣味性强、有学习欲望的一项运动。同时在教学中培养学生的集体主义精神和自我挑战、拼搏精神等优良品质。

二、研究方法

（一）查阅资料

通过网络搜查、教材、教师用书、教学视频等，学习、领会、参考其中的教育教学方法。

（二）调查问卷

通过访问和抽样问卷，了解学生对耐久跑项目的认识，以及日常生活中应用到的耐久跑方式和用途，有利于教育教学的实施和教学方法的改进。

（三）座谈访问

约谈不同层次的学生，了解当前学生对耐久跑项目的认识和理解，以及日常生活中运用到的耐久跑方法。

（四）评价法

通过对学生进行运动技术评价，让学生了解自己对耐久跑技术要领和动作的掌握情况，学会自评、互评，培养学生的个性发展和同学之间互相信任、共同进步等优良品质。

1. 自我评价法。

通过让学生设置自我评价卡，了解学生对耐久跑的认知程度、学习态度和日常参与情况。

2. 同学互评法。

参照学生自我评价方法，同学之间互相评价，从学习态度、掌握技术、同学合作等方面，对同学进行较全面、较客观的评价。

3. 小组评价法。

小组综合学习效果评价法，包括小组学习态度、学习热情、课堂互动、与他人合作、自我反思、竞争意识、自信度等进行综合评价。小组自评和小组之间互相评价相结合。

（五）测试法（运动技能）

通过教学，让学生掌握一定耐久跑项目的理论知识，通过测试，检测学生掌握耐久跑的理论知识、运动技能技术等情况。

1. 知识点测试法。

通过理论测试，了解学生掌握耐久跑的原理和知识点情况，培养学生学会运用知识、科学地进行体育锻炼，以达到受益终身的效果。

2. 游戏教学法。

运用有趣的教学方法和手段，以游戏教学形式进行身体素质练习，让学生在乐中学，学中练，“学、练、赛、评”相结合，更好地使学生掌握耐久跑的技术要领和动作，把学到的知识运用到日常生活中。

三、教育教学实践：耐久跑单元计划（共7课时）

（一）单元教学目标

（1）通过教学，使学生对耐久跑的运动价值有了一定认知，培养学生对耐久跑的兴趣与爱好，同时能通过耐久跑的练习锻炼身体，提高身体综合素质。

（2）通过耐久跑的教学，使学生掌握正确技术动作，知道在耐久跑学练中运用合理的呼吸方法和呼吸节奏，提高耐久跑运动能力，发展体能，提高有氧代谢能力，增进心肺功能。

（3）通过教学，培养学生勇敢、顽强、吃苦耐劳和勇于拼搏的精神，使学生能够积极参与体育锻炼，并达到自己的锻炼目标。

（二）单元教学重点难点

教材重点：途中跑，耐久跑的呼吸与步伐节奏的合理配合。

教材难点：合理分配体力。

（三）各课次安排

课次	教学内容
1	1.游戏：“叫号跑”（站立式起跑练习） 2.匀速跑1000—1200米 3.上肢力量练习：轻哑铃练习3组
2	1.行进间练习：踢腿→弓步走；交叉步各30米×2—3组 2.体能练习：推小车 3.跑走交替：2000米
3	1.游戏：“二不成三” 2.变速跑：1400—1600米（100米慢→100米快……）
4	1.腰腹力量练习3组 2.同伴跑：校园自然地形跑10分钟
5	1.兴趣练习：花样毽球 2.800米完整跑练习
6	1.体能练习：高抬腿、立卧撑、小蛙跳各2组 2.重复跑：300米×3组（加强终点冲刺练习）
7	耐久跑（考核）（男生1000米，女生800米）

四、结果与分析

通过抽样调查，了解学生学习前后对耐久跑目的认知和掌握情况。通过“学、练、赛、评”教学模式实践和研究，学生对耐久跑项目有了最基本的了解，也掌握了一定的耐久跑能力，使95%以上的学生能掌握耐久跑的技术动作，懂得怎样通过各项素质练习来锻炼身体，提升综合能力。通过自我评价、同学互评、小组评价和知识点测试、技能技术测评等方法，给学生的学习过程一个比较客观、合理的综合评价，以取得更佳的教育教学效果。

五、结论与建议

（一）结论

通过“学、练、赛、评”教育教学模式实践和研究，能较好地改变体育课堂教学模式，提高耐久跑的教学效果和质量，通过数据的收集、整理和对比，了解学生的学习动态和学习效果。把耐久跑的教育教学实践形成单元教学计划，总结经验，积累资料，汇集成册，并进行使用和推广。

（二）建议

在教育教学过程中应不断改进教学方法和措施，设立男女同学在耐久跑项目中不同的练习项目和内容，满足不同层次学生的不同要求。更换更新素质练习内容和游戏项目，以提高课堂的学习氛围，活跃课堂气氛，完善在练习中赛、在比赛中练习、“学、练、赛、评”的有机结合，以达到更佳的教育教学效果。更好地把所学的知识应用到实际生活和终身锻炼身体之中。

参考文献

［1］教育部.《体育与健康》八年级（全一册）教师教学用书［M］. 北京：人民教育出版社，2020.

［2］周慧雪.“教会、勤练、常赛”，那么体育老师怎么“教会”学生呢？［J］. 体育学评论，2019.

思政视域下田径训练课程育人路径

不论在哪个教育阶段，体育都占据着重要的地位，在塑造学生品性方面具有重要的作用。毛泽东曾在《体育之研究》中特别指出了体育课程中，德育与智育发展的重要性。著名教育家卢梭等人同样对于体育育人的重要性展开了大量的研究。当今时代，学校应当对体育课程蕴含的内涵本质有一个清楚的认识和理解，明白在体育训练中，肢体动作不仅要作为一种载体而存在，不论是田径训练课程还是其他体育课程，学校都应积极探索思政方面的育人路径，更好地发挥体育课程中育人育德的力量，也是社会发展的大趋势。

一、思政视域下体育训练课程育人的必要性

中学阶段的体育训练活动类型丰富，给予了学生充足的训练空间。比如1000米或800米的田径训练就对学生在身体素质和思想意志方面具有较高的考验，如果学生意志不够坚定、良好的思想品性较为薄弱，就无法更好地挑战自己、战胜困难，如果学生再缺乏平日的体育活动锻炼，那么很可能由于身体的原因导致无法正常完成田径训练任务。还有在有关田径训练的接力赛中，学生们如果思想政治理念不过硬，缺乏相应的团队精神与拼搏理念，那么就不可能在田径接力赛或者其他体育赛事中取得好成绩。

实践证明，田径运动可以从生理和心理多个角度对学生起到磨炼思想品质的作用，是开展各类体育活动的基础。在思政教育背景下，学校应当将体育训练课程与思想政治教育工作实现有效契合，在强化育人效果的同时，在共发展共依存的道路上有效培养学生良好的信念，规范学生的言行，提升学生由内到外的思想政治素养水平。同时在思政视域下，探索有效的田径训练育人路径，

对培养学生遵守规则、坚持不懈、进取拼搏、提升信心、团队协作等优良思想品德具有不可小觑的影响作用。

除此之外，田径训练课程主要在户外开展，对学生的身体和心理都是一种考验，在这种条件下对学生开展思政育人工作，可以更好地使学生快速融入于田径训练中，从而保证田径训练发挥良好成效。将思政教育与田径训练教学有机结合，可以在一定程度上培养学生的进取精神与竞争意识。

总之在思政视域下，体育方面的育人建设要以学校为主阵地，将田径训练与育人思想建立一种密不可分的联系，为将来的体育育人提供更多契机，促进学生全方面健康发展。

二、思政视域下田径训练课程育人的有效路径

（一）结合田径训练课程特性，加强育人思想渗透力度

田径训练课程与其他体育类训练课程存在着较大的差别。主要是以跳、跑、投掷为主要核心内容，从时间、距离、高度等多个方面对学生进行考量，训练方式与其他体育类课程相比较为单调乏味，一个田径项目大多数是通过学生的日复一日的练习才能做到熟练掌握。与其他如篮球、足球等体育训练课程相比，容易使学生产生枯燥无趣的消极情绪。面对这样的田径训练特性，学校与教师应当在平日的训练中加强对学生的思想政治教育，引导学生建立正确的思想观念，与学生共同结合田径训练课程的特性，找出田径训练应具有的正确练习方法和应培养的正确思想理念。

田径训练作为体育课程中最基础的内容，教师应当牢记肩上担任着的重要的思政育人的责任，根据每位学生和训练特性，避免出现学生由于思想作风不端正而中途放弃训练或者运动量不达标的情况，最大限度地发挥育人的影响力。比如，在田径训练中的重复跑训练课程就是一个较为枯燥的训练过程，它需要学生通过反复的训练来实现从量变到质变的过程。在这个过程当中，教师应当贯彻素质教育的思想理念，加强育人思想的渗透力度，在学生进行重复跑时，教师应将有关重复跑的技巧、知识、规则传授给他们的同时，在他们训练的前中后时间段将体育精神和吃苦耐劳的精神文化渗透于其中，帮助学生培养优秀品德、树立良好作风，成为德智体美全面发展的学生。

（二）增强师生沟通意识，使思政内容逐步渗透

田径运动由于所含项目类型较多，每个项目的训练方式和比赛形式也大相径庭，学生们会因此产生各种各样的思想情感。比如在训练过程中，学生可能由于运动量偏大，产生思想变化，甚至想方设法去逃避训练。这就要求体育教师应当具备一个优秀的育人意识，将育人理念始终贯彻于田径训练过程中，避免只是单一地传授田径体育知识，自然有效地渗透相关思政教育内容。

教师应当发挥体育教师的带头作用，及时与他们进行沟通，对学生的学习、生活等方面以耐心的态度对他们加以关心，拉近教师与学生间的距离，同时了解他们的问题成因，在这样一种恰似朋友的关系之中，用自身严谨、丰富、科学、合理的思政育人思想及时对他们进行感化，帮助学生解决在田径训练过程中遇到的困难的同时，帮助学生提升战胜问题的信念。在提高学生田径训练水平的基础上也强化他们的思政意识。

（三）构建评价机制，深化思政育人意识

除了要对教师的思政育人意识进行培养深化，在思政视域下健全相关训练机制也是不可或缺的环节。教师在树立良好学风的同时，应当对育人的模式进行不断优化，完善田径运动训练相关的考核制度，从而达到田径训练教学预期成效。

由于田径训练包括集体项目和个人项目，学生在训练过程中出现的违纪行为、不配合团队行为、因自身情绪影响他人的行为都会关系到学生最终的考核成绩。在考核制度方面，学校除了要对学生的田径专业成绩进行评定外，还要将学生在日常训练中的表现纳入考核机制中，具体规范性考核机制可以采用对学生心理状态及时追踪、调查问卷、询问身边同学等手段进行抽查，并通过学生对学校育人机制的评价，帮助学校进一步完善田径训练管理制度，充分发挥考评机制在育人方面的引领、监督、激励作用。

（四）根据田径项目设立专题研讨，撰写有效思政育人素材

由于田径训练项目本身就具有良好的思政教育功能，教师这时可以根据田径运动项目的特点和学生的思想情况，因材施教，在思政研讨课题的推动下对学生们进行专题教育，增强思政教育知识与实践活动的说服力，从一点一滴中增强学生思想体育道德水平，在专题研讨过程中探索出有效的育人路径。

比如，在中长跑田径训练项目中，教师可针对学生开展顽强理念、吃苦耐劳精神培养的专题研讨；在跳远、助跑、起跳训练项目中，开展加强学生心理素质、果断勇敢精神培养的专题研讨。

除了开展相应田径运动项目专题研讨外，学校可同时组织教师开展相关互评互动的机制，将思政育人作为重点考核内容，打造良好的田径训练育人氛围，全面发挥田径训练课程在思政视域下的育人功能。比如着重引导教师主动撰写相关田径训练课程思政育人的素材，通过引入相关田径运动体育名人的材料如刘翔、史冬鹏、周文秀等，利用“名人效应”给学生树立良好榜样，帮助学生树立正确的思政观，发挥育人策略成效。

三、结语

田径训练课程中，开展相关思政育人教学活动是践行立德树人理念的重要举措，在这一过程中，学校与教师必须要充分认识到思政育人的必要性与重要性，加强育人管理和对教师的思政育人思想培训力度，在有效的育人教学机制下，发挥田径训练课程的德育功能，强化学生的正确思想观念的培养。

参考文献

［1］崔艳华，于洪霜．中华体育精神融入体育院校思政课教学路径研究［J］．广东教育（职教版），2020（7）．

［2］梁荣相．“课程思政”视域下高校体育课程与思政教育协同育人路径研究［J］．现代商贸工业，2020（18）．

［3］赵飞燕．中华体育精神融入高职公共体育课程思政的教学途径研究［J］．科技风，2020（17）．

［4］赵富学，陈蔚，王杰，陈慧芳．“立德树人”视域下体育课程思政建设的五重维度及实践路向研究［J］．武汉体育学院学报，2020，54（4）．

［5］李东海，王泽燊．健体育魂，突出特色：融合学科特点的高校二级学院体育思政育人体系构建探究［J］．科技风，2020（17）．

［6］张象，张露，杨力源，等．课程思政理念下体育人物的体育精神演绎：以《一个人的奥林匹克》为例［J］．当代体育科技，2020，10（15）．

培养兴趣　提高素质

体育是学校教育的必然组成部分，带有一定的强制性。这种强制性为各级学校有力地实施身体素质教育提供了保证。既然带有强制性，我们则不能不看到存在这样一种潜在的危险的可能性，教学中直接或变向的“我怎么说，学生就怎么做”，忽视学生情感、态度、兴趣的养成。

兴趣是一切学习的基础，没有兴趣，就学不到什么东西。心理学家告诉我们：“学习在行动的变化中得到反应，而只有当学习激励，努力去获取知识时，才能看到这种反应。”因此，从本质上说，教育的目的是激励学生学习的愿望。尽管每位体育教师都懂得培养学生学习兴趣的必然性，然而技能、体质往往成为学校体育中最优先重视的领域。学生学习不好，缺乏兴趣是最重要的因素。而学生的兴趣来源于各方各面，只有认真查找原因并对“症”采取措施，才能更好地培养与提高学生的体育兴趣，达到锻炼学生身心的目的。

一、提高体育教师自身整体素质，产生教学感染力

体育教师除了认真备课、组织上好每一节体育课之外，体育教师的自身整体水平是影响学生学习体育兴趣的另外一个重要因素。其中体育教师的语言艺术和体态感染力尤为重要。因此，体育教师必须努力学习专业知识，不断提高自己的业务水平和教育教学能力，产生教学感染力。

（一）体育教师的语言魅力

教学语言不是一般的讲话和背诵教案，而是一种有目的、有组织、经过深思熟虑而达到通顺流畅、有特点、有色彩的艺术语言。在体育课教学中，教师的语言对教学过程中的组织、教育、讲解等环节都有重要的影响，在教学活动

中处主导地位。使用好教学语言对提高教学质量、保证教学效果有着极其重要的意义。绘声绘色、抑扬顿挫的语言能使学生对体育课产生较大的兴趣。

（二）体育教师的体态魅力

体育教师通过美的体态来感染学生的心灵是体育教育的特点。以身体的活动来“寓教于乐”，通过直接、生动、鲜明的体态语言美来激荡人的情感和产生情感共鸣。可以说，体育教育不是靠说理，而是靠实实在在地练，靠具体的体态形象感染人、打动人，特别是那种健康匀称的体魄、优美的体姿、得体的举止以及敏捷、熟练、协调和优美的演示，更容易令学生在不知不觉中得到美的享受和陶冶，更能使学生产生学习的兴趣。

二、影响学生体育兴趣的因素

（一）学生的体育需求

很多学生因为被某项或者某类运动项目所吸引，所以产生了学习或者练习的动机。学生一旦有了这种体育需求，就会产生渴望学习或者参与体育活动的极其浓厚的兴趣，表现出极大的参与和学习的热情及意志力。因此在体育教学中，能否充分满足学生这种体育需求，直接影响着学生体育兴趣的激发与培养。

（二）教材的内容和特点

好的体育教材及内容，能够满足学生的直接需求，有利于激发学生的体育兴趣。通常娱乐性、趣味性越强，竞争性越激烈，越受学生的欢迎。

（三）授课方式

我们说的授课方式主要是指：在教学过程中是以“教”为主，还是以“练”为主。以“教”为主是把体育课过多地等同于一般文化课（仅有室内和室外之分），过分强调一般教育学规律，而忽视了体育运动所具备的特殊规律。以“练”为主是指在正确地应用一般教学理论的基础上，强调遵循和运用运动训练的一般原则与方法，使体育课更多地接近训练课而不是一般文化课。

（四）学生的情感体验

教育学和心理学普遍认为：在体育课教学中积极的情感体验能够增强学生学习和练习的兴趣。学生在体育课中得快乐。有了积极的情感体验，特别是通过自己一番辛苦后得到的快乐体验，才能做到“以苦为乐”“乐在其中”。从而喜欢学和乐于练习，使体育兴趣不断得到加强、巩固。

（五）学生对技术的掌握程度

学生对技术掌握的水平越高，越能体验出某个技术动作的妙趣来，从而对某项技术感兴趣。

以上因素对体育兴趣的影响是相互联系的，应注意发挥它的综合作用，并从这些因素着手探讨培养学生体育兴趣的有效途径，寻找体育课程教学改革的根本出路。

三、培养和提高学生体育兴趣的几种措施和方法

兴趣是可以培养的，也是可以在不断的学习中得到相应的提高的。在多年的教学中，不断积累经验总结出几点提高学生学习兴趣的措施。

（一）观看比赛，激发学生的体育需求和锻炼的欲望

通过观看一些高水平的现场比赛、比赛录像或校运会、班级体育竞赛、小组竞赛、个人竞赛等集体或个人的比赛，不断培养和提高学生的体育兴趣。因为明星或身边人精彩的表演，是激发学生体育兴趣的催化剂，它能使学生产生跃跃欲试的欲望和心理需求。

（二）激发学生的间接体育需要

学生间接体育需求就是以增强体质、减少疾病和提高学生对体育的认识及体育锻炼的意义为目的，使学生感到参加体育锻炼的需要，通过教育引导来培养学生的间接体育兴趣。这一措施应在平时的教学中不断引导和落实。

（三）教法手段的多样化

单调、枯燥地重复练习，容易使学生感到疲倦和乏味。教学手段的多样化对提高体育兴趣至关重要。教法手段灵活多样、丰富多彩的练习形式，对激发学生的体育兴趣是行之有效的。如采用多媒体、图片、师生的示范来展示动作；采用形式多样的组织方法增加练习乐趣；利用有趣的游戏教学来活跃课堂气氛等。

（四）创造良好的体育文化环境

学生在学校的时间较长，学校创造体育文化环境，可以引导学生加深对体

育的认识和了解，从而激发学生的体育兴趣。体育环境包括运动场地的建设、体育墙报和黑板报等宣传栏、国内外体育动态等等。如我们学校运动场边树起的培养学生“五个一”（其中之一：掌握一项终身喜爱的体育活动）的宣传板，就是一个很好的体育文化环境。这些对学生体育兴趣的培养都能起到潜移默化的作用。

（五）增设体育考核选修项目

在完成《中学生体育合格标准》《中学生体能测试》等项目的基础上，体育课可以增设选修内容，以便尽可能满足学生的不同兴趣。在近几年的教学改革中，对学生进行选修项目的不断尝试，取得显著的效果，大大提高学生的体育兴趣。

（六）举办课外体育讲座，强化学生的体育运动意识

利用课余时间组织一些体育知识讲座或体育基础知识竞赛，如奥运史、亚运史、中外体育发展史；各种比赛规则或裁判法；课余锻炼的自我保护；等等。这些内容既具有知识性和教育性，又有趣味性，而且都是学生所喜闻乐见的内容，以激发学生的求知欲，便于培养和提高学生的体育兴趣。

四、结语

兴趣的形成是一个持续的过程。体育老师只有把握好学生的年龄特征、教材内容、教学方法、练习手段、课堂环境等因素，不断调动学生学习体育的积极性，营造活泼向上、和谐民主的课堂气氛，才能更好地培养和提高学生对体育的兴趣，从而促进学生养成自觉锻炼身体的习惯，使学生的身心得到不断的发展，身体素质得到不断的提高。

如何在体育教学中培养学生健康的心理素质

在心理健康教育活动中，学生是教育活动的重要组成部分，没有学生就没有教育活动；学生是心理健康教育价值所依附的实体。正因为如此，学生是心理健康教育的主体。因此，在体育教学中逐步培养学生健康的心理素质，提高教育教学工作效果显得非常重要。

一、消除学生学习体育的心理障碍，培养良好的学习氛围

体育课与文化课的不同点是在大庭广众下表现自己的体育技能。这样一来就存在着各种差异，有的学生怕表现不好被取笑；有的怕表现不完美；有的甚至对动作产生恐惧心理。为了更好地完成体育教学任务，培养合格的人才，在体育教学中必须不断消除学生的心理障碍。

首先，通过理论课，不断培养学生勇敢、顽强的意志，同时在教学中主动告诉学生，体育运动中有些项目具有一定的危险性，但只要认真学习技术动作要领，与教师密切配合，加上安全的保护帮助措施，危险是可以避免的。其次，体育教师应在学生中产生一种“权威效应”，比如一次成功的指挥或成功组织一次课外活动等，增强学生对体育教师的羡慕感。体育教师准确、熟练、轻巧、优美的示范，不仅可以明确揭示动作的结构、环节和重难点，而且可以引起学生跃跃欲试的心理效应，并形成连续效应，即欣赏—羡慕—向往—实践。同时教育学生：同学之间应互助理解、互相帮助，不嘲笑同学、不挖苦同学，在班集体中形成良好的学习体育的氛围。

二、消除学生学习体育的情绪障碍，培养学生的学习热情

消极的学习情绪使学生缺乏学习体育的热情和成功喜悦的积极体验，使学生对体育教学产生消极、畏难、排斥、对立等心理障碍。它不但影响学生本人的学习，还不同程度地对其他同学的学习产生负面作用，直接影响教学工作及教学效果。因此，对学生在体育教学中产生的情绪障碍，必须采取相应措施，消除学生的心理障碍，提高教学效果。

（一）激发学生的学习动机，提高求知欲望

在体育教学中，要对学生进行学习目的和意义的教育，使学生认识到未来社会是高智能的竞争社会，要想适应社会并服务于社会，就必须具有健壮的体魄，从而把学生的求知欲和未来需要紧密地联系起来，把“要我锻炼”变成“我要锻炼”，以此来激发学生的学习热情。

（二）控制学生情绪，营造和谐气氛

上课时，教师要以饱满的精神、洋溢的热情出现在课堂上，用自己积极的情绪去感染学生，消除他们的情绪障碍。教师对学生真诚无私的爱，会使学生感到无限温暖，精神上受到巨大鼓舞，从而保持乐观愉快的学习情绪。教师要处处体贴关心学生，对待学生一视同仁，尊重学生的人格，对学生充满信心，这样就会引起积极的情绪，从而大大减少学生的对立情绪的产生。及时控制学生的学习情绪，并营造和谐的学习气氛。同时要给学生制造成功的机会，使学生经常体验到成功的喜悦，逐步树立信心。

三、对特殊学生采取一定的措施，进行心理引导

在体育教师的耐心和正确引导下，大部分学生能够适应一定运动负荷的体育教学要求，达到预期的教学目标。但由于诸多因素影响，仍有部分学生不能完成教学任务，达不到教学效果。对于特殊学生，在教学中必须采取一些行之有效的方法，才能更好地完成教学任务。

（一）对学习体育困难学生的教学心理引导

体育教师应正确理解学习体育困难的学生，做到热爱学生、关心学生，对学习体育困难的学生不训斥，不惩罚，而是善于发现他们的优点，充分利用积

极因素，克服消极因素；善于动用班集体力量，形成正确的舆论，通过集体力量帮助他们克服消极心理，战胜困难。其次是因材施教，区别对待，多鼓励，多激发。对暂时性困难学生，引导他们积极参与，通过降低难度、要求等形成，帮助他们去成功地练习；对能力型困难学生，帮助他们找到学习的具体困难，帮助他们正确寻找原因，激发学习动机；对整体性困难学生，进行个别补救教学，有针对性地制订个别教学计划目标。帮助学习困难学生逐渐克服各种困难和障碍，达到完成教学任务的总目标。

（二）对女生经期进行正确的引导和训练

由于一些女学生对月经期卫生知识了解不够，而不敢上体育课，产生害怕心理。因此，要搞好体育教学就必须克服女生月经期的心理障碍。通过上理论课，使女学生认识并了解到："女生在月经期间，如果做剧烈运动，会导致子宫位置的改变和月经的紊乱，以及诱发或加重月经期间的全身不适。然而，适当的运动，不但不会引起上述系列症状，还能够促进盆腔的血液循环，使腰酸、下腹部坠感以及精神抑郁等现象减轻"等等。从而消除了学生上体育课的压力，女生体育课的出勤率也提高了。

另外，采取一些较有效的方法，如自我暗示心理训练法，它是用某些情节的表象和想象力来分散注意力。当回忆自己最担心的考试项目终于取得良好的成绩或已通过考试时，有的学生感到很兴奋，很有满足感，从而不知不觉地参加到活动中。自我暗示能消除学生的害怕心理，振奋学习精神，起到自我动员的作用。

总之，体育锻炼本身就是对意志品质的检验，体育锻炼实际上是一个不断克服困难的过程。通过体育锻炼，不但能强壮学生的体魄，而且能增强学生克服困难的信心和勇气，从而使学生成为生活中的强者。而在教学过程中逐步培养学生良好的心理素质是体育锻炼的基础，也是健康教育的基础。

严肃认真、民主平等、高效快乐

——我的教学风格

说来也实在是惭愧，自己参加教育教学工作二十几年了，从没有考虑过教学风格是什么的，也没想过自己有什么教学风格，只觉得自己通过二十几年的努力和积累，教育教学方法深得学生的喜爱、家长的认可就OK了。还经常觉得那是教育家才能达得到的层次。通过名师培训班的学习，使我认识到：形成自己的教育教学风格的重要性和必要性。

教学风格是什么？教学风格应是多种多样的，不同的教师有着不同的教学风格，有的教师喜欢旁敲侧击不断启发；有的教师喜欢开门见山拨云见日；有的教师在课堂上一言九鼎，如同知识的化身让学生默然叹服；有的教师是和风细雨，如同朋友般与孩子们融为一体；有的老师的课堂朴实无华，能将复杂的问题简单化；有的老师的课堂巧妙设计，引导学生对简单的问题进行深入的思考；有的老师以“严”著称；有的老师以柔克刚。平常我听其他老师的课，常常被他们课的精彩之处打动，在教学中总是想将他们的优点集于一身，最终却做不到，我想教学没有好坏风格之分，只有高低之妙，一名教师的教学风格一是与其个人性格有关，二是与其个人际遇有关，三是与其个人知识素养有关，只要有利于学生的知识与技能的掌握，有利于学生心智的开发，有利于促进学生思维与情感的发展，那么采用什么样的教学方法、形成什么样的教学风格都是好的。

我的教学风格是什么？什么样的教学风格才适合我？回顾我从教二十多年走过的路，从初出茅庐的稚嫩与青涩，经过了在教学中的探索与努力，到现在的一种平和与成熟，我不知自己的教学风格是怎样的，但依稀记得是朋友或是同事告诉我的一些事："某某的孩子很喜欢你的课，甚至在家里学着你的语气和动作模样在表演，某某同学很欣赏你的课，在很多篇日记中写到你的课堂，写你讲的话，说你是最美体育教师……"，但也有学生说我上课很严厉、"过恶"（很凶的意思），我沉下心来思考：如果这种影响算是风格的话，那么我是一直在我的教学中尝试追求着一种"严肃认真、民主平等、高效快乐"的风格。

一、严肃认真

我的教学一贯以严格要求著称，包括对学生，也对自己。这种严厉的要求是在以身作则的前提下，老师只有以身作则，身先士卒，想要求学生怎样做，首先自己要做到。这样才能以理服人，学生才能真正地服你、听你。因为体育课大多时间是室外课，而且室外课不止一个班，有时操场会有两个、三个班，有时甚至是四个班、五个班。如果不严厉要求，就很容易造成课堂混乱，甚至出现"事故"。这样对学生的要求就比文化课要更高，如上课时间、仪容仪表、课堂纪律、活动场地等等。例如，要求学生预备铃响到操场排队，老师自己就应先到操场"候课"；要求学生校服、鞋子穿戴整齐，老师自己就应"整洁"在先；要求学生遵守纪律，老师就必须在场指挥。

认真，是我做人的原则。认真做事，真诚待人。这种人生原则同样也被我带进了我的课堂。认真备课，是上好每一节体育的前提和保障。体育课不单要备教材、备学生，还要备场地，备器材，还要取得在课各位体育老师相互之间的协调和配合。认真上课，不管是准备活动、课中练习、放松运动，都认认真真地上。课后认真写"课后小记"是我一直坚持的习惯。认真，让我的课堂顺利、有效；认真，让学生感恩于我、家长认可于我、同行认同于我。

二、民主平等

我喜欢在孩子中间，跟学生保持一种相对的平等。我喜欢和学生一起讨论，不怕被学生反驳，因为我觉得学生有自己的思考和见解更有利于培养学生独立的思想和人格。不论是在课堂上，还是在课外，不论是上体育课还是田径运动队训练，我都力求与学生建立一种民主平等的关系，因为所有的教学活动是师生的双边活动，特别是体育运动，师生互动、同学之间的互动尤其多。只有双方都积极参与，教学相长，才能提高课堂教学效率，知识是心灵之间的碰撞，是矛盾的消除。当然，学生与老师的民主平等是相对的，毕竟老师是传播者、授业者，而学生是学习者、受益者。

在我的眼里，从来没有优秀生和差生，也从来不去区分好学生与坏孩子，我认为现在的每一个孩子都是很聪明的，学习成绩、运动能力只是学生一个表现的侧面，不能对一个孩子轻易地下“好”或“不好”的结论，孩子的创造力不仅是表现在单一方面的。在课堂上，我除了讲授最基本的知识与技能技术外，最重要的事情是鼓励每一个学生练，让学生运动，展现自己，与学生交流，在这个过程中不以高高在上的老师自居，低下身来，侧过耳去，走到他们中间，与前后左右的孩子一起说，一起听，一起动，一起乐，与学生进行最自由的、最真实的对话，肯定每一个人的努力，往往在这种平等交流的过程中，学生的肢体动作会被激活，会激荡起绚丽的浪花。

有一次，在做一个两人合作的“单脚深蹲”的练习时，刚好一个班的学生是单数，有一个同学没有合作伙伴，那个同学又比较内向，当她还在“迷茫”地找时，我赶紧走过去，牵着她的手说：“来，我俩一组。”她有些不好意思，最后还是牵着我的手一起完成任务。平等、愉快的合作让师生的距离拉近了很多，从那以后，那位同学也能主动跟同学合作、交流。

“亲其师信其道。”学生亲近你时，会亲近你所教的学科，便会在不知不觉中学好你这一门课。我们所要做的，只是拿出真正的民主与平等的情怀。

三、高效快乐

怎样向四十五分钟的课堂要质量，是每一位老师必须思考的问题。“精讲多练”对提高体育课的教学效果极为重要。也是有效提高体育课教育教学质量的保证。怎样在高效的教学中提高学生的学习兴趣，愉悦学生的身心，也是我一直摸索的方向。

高效的课堂我在改革中：①利用小黑板，向学生展示每节体育课的简略内容：包括上课内容、教学方法、练习手段、分组及次数等。让学生明确该节课的学习目标和任务，有效地节省讲解时间，提高课堂效率和教学质量。②结合学校提出的“高效课堂模式”，体育教学坚持“看—学—教—练—评”的模式，先让学生看小黑板的教学内容，有时看图片或视频，然后进行自主学习，最后老师进行指点和教学讲解，深化知识点，发挥学生的主观能动性和创造性，同时教师能抽出更多的时间辅导偏差学生，督促懒性学生。达到“高效课堂”效果。③改革体育课的评分标准。考核项目按照教育部规定的评分标准进行评分，同时结合我校学生的实际情况，采取一定的奖励方法，给有明显进步的学生以鼓励，鼓励学生主动参与锻炼，达到锻炼身心和提高体质的目的。

快乐体育我在进行中：如何让学生体会到运动所带来的快乐感受，我一直在寻找中。比如，耐久跑运动对学生的身心健康起到很大的作用，这是老师和家长都认同的。但如何提高学生对耐久跑的兴趣，让学生自觉参加耐久跑训练，却是很多体育老师感到头痛的问题。通过多年的教学经验和积累，我探索出一套解决学生厌烦耐久跑的教学方法和练习方法。其中，让学生了解耐久跑的注意问题是非常重要的：①什么叫“极点”，出现“极点”如何克服？②为什么会出现小腿肌肉痉挛，如何避免？③暂时性脑缺氧造成的原因及处理办法？④耐久跑前的准备运动应做些什么？⑤如何有效地提高自己耐久跑的能力？⑥耐久跑练习中应注意什么？⑦女生“例假”期如何进行耐久跑的练习？等等。

问题解决了，学生才能自觉、有效、快乐地进行体育锻炼，特别是耐久跑运动。高效与快乐同在，是我一直追求的目标。体育运动不单锻炼人的身体，更能愉悦人的心灵。教学中运用灵活、实效的教学方法、科学的组织方法和程序式的练习方法使我对课堂调控自如；合理地安排运动负荷以及采用多样、兴趣、活泼的练习手段使教学取得良好的效果。在教学中我注重对学生的身心培养，如在体操项目的教学上，培养学生勇敢无畏的意志品质；在耐久跑的教学中培养学生吃苦耐劳的精神；在游戏教学的熏陶中培养学生的爱国主义精神和集体主义精神；在投掷项目的教学中培养学生注意安全和自我保护的意识。让学生在欢乐中学、在活动中练。多年的教学实践，使我逐步形成“教、学、练、育”四统一的教学风格，体育课上得生动活泼、学生喜爱且实效性强。

巴尔扎克说：“一个能思想的人，才真是一个力量无边的人。”要想成为一个有思想，有魅力，能吸引学生老师，首先应是一个完整的人，是一个爱国，爱家的人，是一个性情中人，而这一切都离不开读书、学习和思考，老师要不断积累专业及其他领域的知识，才可能从容不迫地面对不可预测的教育教学工作，才能够以最好的方法解决每天不断涌现的新问题。

我个人教学的主要特点大致就是以上三点，风格即人格，新课程改革在不断走向深入，我只有不断地学习，不断地突破自己，完善自己的人格，教学风格才能日趋完善，才能够在教学的漫漫求索之中奋然前行，相信有一天，能秀出我的风采！

如何全面有效提高学生的身体素质

人的身体素质包括五个方面：速度、力量、耐力、灵敏和柔韧。

速度素质，是人体在单位时间内移动的距离或对外界刺激反应快慢的一种能力；力量素质，是身体某些肌肉收缩时产生的力量；耐力素质，是指人体长时间进行肌肉活动和抵抗疲劳的能力；灵敏素质，是指迅速改变体位、转换动作和随机应变的能力；柔韧素质，指人体活动时各关节肌肉和韧带的弹性和伸展度。

发展素质的方法主要如下：

一、发展力量素质的方法

力量素质的练习方法由一些基本要素组成，掌握这些要素及其规律，就可以根据锻炼需要，创造和设计出多种多样的力量练习方法。力量锻炼可分为上肢锻炼和下肢锻炼。锻炼上肢力量可选择引体向上、俯卧撑等运动，也可借助哑铃、拉力器等器械；锻炼下肢可选择蹲起、跳台阶、快速跑等。本身力量较小的人应注意适当减少运动次数，如每次少做几个引体向上，跳台阶时少跳几级等。

二、发展耐力素质的方法

耐力素质是人体各器官系统机能和心理素质的综合表现，也是人的体质强弱的重要标志。发展耐力素质可以有效地提高人体呼吸系统和心血管系统的功能，改善新陈代谢水平，增强抗疲劳的能力，还可以培养坚毅、顽强等优良的心理品质。

12分钟跑是国际上流行的一种运动方式，对于发展有氧耐力，提高心血管功能的效果较好。跑完12分钟，根据自己跑的距离，再查一下评分表，就可以知道自己的有氧代谢能力水平。耐力锻炼可分为有氧耐力和无氧耐力。有氧耐力运动包括长跑、游泳、登山、健美操等；无氧耐力运动包括爆发运动，如短跑、跳高、跳远等。爆发力较差的人应注意缩短运动距离。以长跑为例，可以从每天500米开始，逐渐过渡到800米、1000米等。

三、发展速度素质的方法

神经系统的反应能力、做动作的频率和动作幅度的大小，是影响速度素质发展的主要因素。发展速度素质，对于提高大脑皮层的反应能力和对身体快速指挥和协调能力，使身体更加灵活，做动作更加迅速，具有重要的作用。发展速度素质，一般采用强度大、持续时间短的练习，应在精力充沛、运动欲望强的情况下各种练习交替进行。在疲劳时或只用单一的练习方法，易形成速度障碍，不能收到良好的效果。同时，发展速度素质要与发展力量、速度耐力和柔韧性素质结合起来，注意提高肌肉的放松能力。

四、发展灵敏素质的方法

发展灵敏素质，对于提高大脑皮层的灵活性，能够在变化的情况下迅速、准确、协调地做出某些相应的动作，培养良好的观察力、判断力的反应速度，促进其他各项素质的发展具有很好的作用。灵敏素质是人体综合能力的反映，受遗传因素影响很大。为了提高灵敏素质，老师应尽可能采取逐渐增加复杂程度的练习方式，也可以通过改变条件、器械、器材等方式增加技术动作的复杂性和难度。同时，还应着重培养和提高运动员掌握动作的能力、反应能力、平衡能力、观察能力、节奏感等。灵敏素质练习的主要手段：①在跑、跳中做迅速改变方向的各种跑、躲闪、突然起动以及各种快速急停和迅速转体练习等。②做各种调整身体方位的练习。③做专门设计的各种复杂多变的练习。如用“之字跑”“躲闪跑”“穿梭跑”和“立卧撑”四项组成的综合性练习。④以非常规姿势完成的练习。如侧向或倒退跳远、跳深等。⑤限制完成动作的空间练习。如在缩小的球类运动场地进行练习。⑥改变完成动作的速度或速率的练习。如变换动作频率或逐步增加动作的频率。⑦做各种变换方向的追逐性游戏和对各种信号做出应答反应的游戏等。

五、发展柔韧素质的方法

发展柔韧素质，有利于正确地掌握各项运动技术，在突然用力的情况下，避免损伤肌肉、韧带等软组织。发展柔韧素质的方法：主要是采用加大动作幅度，即拉长肌肉、肌腱、韧带和皮肤的练习。所有的柔韧练习至少连续做5—10次，动作幅度应逐步加大，身体各部位的柔韧性要交替进行，并需持之以恒。当软组织被拉长之后，肌体感到酸、胀、痛时应坚持8—10秒，这样需重复练习8—10次，可以收到良好的效果。在每次锻炼过程中，动力拉长练习一般控制在15—25个之间，每个练习以7—30次为宜，注意柔韧练习总的时间不宜过长。

根据学校实际情况，制订切实可行的练习内容和方法在初一、初二年级进行经常性发展学生身体素质的练习，形成年级特色，成为“课课练”内容。例如：①以跑为主的教学：摆臂→深蹲→弓步交换跳→原地后踢腿跑；②以跳为主的教学：体前屈→屈膝弹腿→收腹跳（屈腿跳）→原地高抬腿。

多开展游戏教学，集玩游戏于素质练习中，提高学生的练习兴趣和学习的积极性。真正让学生感受到运动带来的快乐。

关于体育课的运动负荷

运动负荷亦称“运动量”。体育课的运动负荷包括生理负荷和心理负荷两个方面。决定生理负荷大小的主要因素是练习的数量和强度。数量指练习的次数、组数、时间、距离、重量等；强度指练习在单位时间内用力的大小和机体紧张程度，一般以练习的密度（单位时间内重复的次数）、动作的速度、投掷的距离、所负的重量、间歇时间的长短为指标。负荷的数量和强度是互相联系和制约的。强度小，数量可多；强度增大，数量宜减少。

一、运动强度

是指单位时间内完成练习所用的力量大小和机体的紧张程度，影响运动强度的主要因素是练习时的速度和负重量。如初中生100米快速跑，跑后即刻心率可达到180次/分以上，慢跑1分钟，心率一般在130次/分左右，显然前者强度大，后者强度小。在体育活动中，较大强度的项目有跑、跳、攀登等，而走、爬、投掷等的运动强度则相对较小。

二、运动时间

是指一次体育课练习的总时间或每个练习的间歇时间，在保证一定的合理强度和密度的同时，练习时间持续的长短直接关系着运动负荷的大小。如果一节课，学生长时间处于大强度的运动之中，那么，他们的运动负荷就偏大。

运动时间可以根据不同的人制定不同的项目。

练习密度是指单位时间内重复练习的次数，它在运动负荷中反映时间和数量的关系。练习密度是否合适较大地影响着学生的运动负荷，一般与运动负荷成正比。

三、教师教学内容、教法和组织措施

教师安排体育教学内容的难易程度是否合适，教学方法是否恰当，组织措施是否得当，讲解示范是否正确形象、生动规范等都会较大程度地影响运动负荷。如教学中分组太少而导致学生长时间的等待，从而使运动负荷过小；如练习的间歇时间太少，又使运动负荷过大。

（一）个别差异

学生的个别差异是指学生的身体机能水平的个别差异。在体育课上，往往相同的练习对不同的学生会产生不同的影响。如快速跑完60米，有的学生心率达到180次/分以上，有的学生仅170次/分。

策略

安排课的运动负荷，总的来说，应根据人体生理机能活动能力变化的规律和人体机能适应性规律，循序渐进，逐渐加大运动负荷。在整个教学活动中，随着学生身体素质的提高，根据学生对运动负荷的适应过程和机能恢复过程的生理规律，可有节奏地逐步加大运动负荷。

（二）安排每节课的教材和确定课的任务

教师在体育课前的备课要做到心中有数，在安排教材内容时，应合理搭配不同性质、不同强度、适宜密度的教材。因为不同年级、不同教材、不同类型的体育课，其运动负荷是不同的。在教材内容的安排上，可以运动负荷大和运动负荷小的练习交替安排，如强度较小的走、投与强度较大的跑、跳等内容的组合。

在课前的备课中周密地安排运动负荷，要重视并且设计合理的运动负荷，针对不同的教材要设计不同的运动负荷。例如，跑的项目和投掷项目它们的运动负荷不同，那么教师就要深入研究教材，在练习密度上加以调整，不能100米跑两次，掷实心球也掷两次。确定任务时，新授的知识、技能不宜太多太难。

（三）合理调节运动负荷

一般一节课的运动负荷模式有标准型、双峰型、前高后低型、前低后高型等模式。标准型指运动负荷由小到大逐渐上升到一定水平，持续一定时间后再逐渐下降。双峰型指一节课学生承受两种运动负荷较高的练习。前高后低型主要指课的基本部分的前半部分运动负荷较大，后半部分较小。前低后高型则与前高后低型正好相反，运动负荷由小变大，如课的前半部分为新授教材——投掷，后半部分为复习教材——连续立定跳远。任不管采取哪种模式，运动负荷总的调节策略应是高低结合，动静交替。通常把正常学生取得最佳健身效果的心率区间确定为120—140次/分，而一节课上，将此心率的保持时间控制在10分钟以上，并以中等强度和中等量结合的运动负荷为主，兼顾学生的课后恢复。

在课堂教学中最常用到的运动负荷测量方法除了脉搏测量外，还有询问法和观察法。据瑞典生理学家研究，当询问学生锻炼后的自我感受，学生回答“累极了、很累、有点累、还行、很轻松、非常轻松”时都有不同的心率，而这些心率和回答之间有着极明显的对应关系。这样教师就可以利用学生的回答来判断学生承受运动负荷的情况。采用观察法可以直接简便地知道学生的运动负荷情况，教师可以通过观察学生的脸色、表情、喘气、出汗量、反应速度等表现来判断所承受运动负荷的大小。比如，当学生承受较小负荷时，额头微汗、脸色稍红；承受中等负荷时，脸色绯红，脸部有汗下滴；承受过大的运动负荷时，脸色发白，满头大汗，动作失控等。所以，安排运动负荷时要以学生发展为中心，重视学生的生理和心理感受。在体育课上，可以通过调整练习的次数和组数、练习的强度和时间、器械的坡度和阻力，也可以改变课的组织教法等来对运动负荷进行合理的调节。

体育课必须有适宜的运动负荷，过分关注学生的生理效应而忽略心理效应是有失偏颇的，而不再关注学生的生理效应却是从一个极端走向另一个极端。体育课堂教学中安排适宜的运动负荷是锻炼身体和掌握运动技能的需求，也是促进学生身心健康发展的需要。

思考篇

耐久跑练习中应注意的若干问题

一、什么叫“极点”，出现“极点”如何克服？

在长跑练习中，经常会出现胸闷、胸痛或腹部剧痛等，这种现象是正常的生理反应，称之为“极点”，应放慢速度，调整呼吸和节奏，随着锻炼素养的逐步提高，极点的出现会越来越晚。

二、为什么会出现小腿肌肉痉挛，如何避免？

长跑之后，流汗较多的人会因为排汗而造成体内缺无机盐而出现小腿肌肉痉挛。这种情况因人而异，有人是当场发生，而有的人是在晚上睡眠时才会出现。有这种现象的人应适当补充盐分，可以在跑前或跑后喝点糖盐水。

三、暂时性脑缺氧造成的原因及处理办法？

长跑之后，有的人会出现头晕，脸色苍白，甚至呕吐。这是因为下肢循环增强，运动的人从剧烈运动到突然静止并且没有注意放松调整，地心引力对血液产生作用。血液中的唧筒作用瞬间消失造成脑供血不足而缺氧。因此，运动后应注意踏步或慢走。如果出现这种暂时性脑缺氧现象应平躺在阴凉处，注意不要枕头，把脚垫高，使其尽快恢复。

四、耐久跑前的准备运动应做些什么？

耐久跑与其他一般运动的准备活动有所不同，除了要把各关节活动开外，更应注意使心脏的适应性提高。正常情况下，准备运动应做到心跳每分钟150—160次，然后回落到每分钟大约120次再进行长跑。这样，运动时就不会觉得很辛苦，更不会轻易受到伤害。

五、如何有效地提高自己耐久跑的能力？

耐久跑的练习手段有很多。要想较快地提高自己的水平，练习手段要交替进行。耐久跑的练习手段有：匀速跑、变速跑、重复跑、定时跑、越野跑等等。

六、耐久跑练习中应注意什么？

耐久跑练习不能蛮干，贪多。负荷要适合自己的身体状况。通常，参加耐久跑练习，跑距要由短到长，逐步增加，速度要由慢到快。总之，应注意循序渐进的原则，才能起到锻炼的作用而不会伤害到自己的身体健康。

七、女生“例假”期如何进行耐久跑的练习？

因为现在有些学生接受的青春性教育不十分规范，因此部分学生一出现“例假”便有压力、心理恐惧。实际上，“例假”是女生正常的生理现象。工人在“例假”期间照样参加生产；农民在“例假”期间照样在地里耕作；运动员在“例假”期间照样训练和比赛。另外，在大学体育加试、中考体育等测试中考生出现“例假”是不允许请假的。因此，女同学反而应加强“例假”期间的锻炼。只要遵循科学的锻炼方法，在老师的指导下，运动量由小到大、密度由小到大，逐步适应，心理压力和恐惧感不仅完全可以消除，同时亦可训练出很好的效果。

耐久跑限时练习法

——一节耐久跑教学的心得体会

耐久跑限时练习法是耐久跑教学中常用的一种练习方法。因为这种练习方法比较简单、容易组织，且实效性较强，因此经常得到体育教师们的采用。

首先，做好充分的准备活动，让学生的身心较快地进入到剧烈运动状态。然后讲解限时跑的练习方法、所限时间、安全问题、注意事项、如何坚持完成任务等。

先通过游戏“快快跳起”激发学生的学习热情，活跃课堂气氛。然后入主教材内容：12分钟限时跑。

本节课限定时间为12分钟。学生刚开始是两路纵队前进，之后随着个人的速度不同可以超越。在学生练习的过程中，我不断提醒学生注意调整呼吸，当学生开始出现“极点”时，会有很想停下不跑的想法，这时我耐心指导她们深呼吸，克服眼前困难，用“加油”“努力”“坚持就是胜利”等话语鼓励学生完成任务。由于练习前我给学生讲过什么是“极点”，如何调整呼吸，再加上练习过程中的不断鼓励，教学取得良好效果：尝试上课的101、103两个班共59个女生全部完成12分钟限时跑，小组长负责登记后交给体育委员，保存作为平时表现分的考核之一，也方便以后练习时作比较。最长的跑了2200米，最短的也跑了1500米。虽然学生有的跑得多有的跑得少，也有个别学生用跑、走交替，但最终都能坚持跑完12分钟，这对于刚进入初中阶段不久的学生，特别是女学生来说是件不容易的事。

最后，及时引导学生进行放松运动，采用最简单的方法：原地踏步，每间隔1分钟测一次脉搏，引导学生当脉搏降低到125次/分，可以离开队伍进行自我调节，这样下来，全班没有一个学生出现呼吸困难、脸色苍白、晕倒等现象，“安全”下课。

交流心得：通过限时跑练习，能较好地发展学生的一般耐力素质，既提高整体学生的素质，又能培养个体差异，学生在相互鼓励、互相竞争的氛围中不知不觉地完成了任务，并乐在其中。

“耐久跑”的课后小结

课后小结是指老师在上完一节课之后的经验总结，在与学生交流后，每一节课都有不同的心得体会。因此，下面对这次的公开课“耐久跑”进行小结。

一、运动负荷

运动负荷的高低对一节体育课的成败有着直接的关系，比如发现学生的运动负荷过重，学生产生疲劳，如果这时再让学生继续练下去，学生肯定会产生厌倦情绪，甚至还会发生运动损伤，特别是本节课的主要教材是耐久跑，因此更要控制好运动负荷。本次耐久跑的练习方式避开简单枯燥的绕圈跑，而采取形式多样、快慢交替的“超越领跑”练习法，在提高学生耐久跑素质的同时，也培养学生运动兴趣及其良好的意志品质。另外，在进行“超越领跑”练习法的时候，教师随时对个别学生进行测脉搏，当大多数学生的脉搏达到每分钟180次的时候即停止练习，以此来控制运动负荷，避免学生因运动负荷过重而出现厌倦情绪，甚至还会发生运动损伤的情况。

二、教法和学法

在上课过程中，教师采用的教学方法和学生的练习方法同等重要，它可以关系到一节课的成败。同一教材与教师的教法和学生的练习方法密切相关，既可以提高学生的练习兴趣，又可能让学生“望而却步”。因此，教师要把新颖的、学生感兴趣的、能调动学生练习积极性的教法和学法记下来，同时也把学生们比较反感的教法记录下来，以便在以后的教学中加以纠正。

三、学生课堂表现

学生是课堂的主体，一切组织安排都是围绕着学生而设计的。因此，学生在课堂上的表现教师要细心观察、记录。如果发现部分学生练习兴趣不高、注意力不集中时，教师要问清原因及时做好个别调整；教师要认真对待这一现象，反思一下课前安排。从本节课上学生的表现情况来看都比较好，因为健美操、竹竿舞等学生都比较喜欢。另外，“超越领跑”练习法，学生在练习的过程中既可以在慢跑中恢复体力，积蓄力量，以待更好地超越，又能使学生在超越、领先的过程中充分体验“强者”的感觉，享受成功的快乐，激发学生积极向上的学习热情和竞争意识。

四、课堂上还原学生的主体地位

在体育课堂教学中，老师是主导作用，学生是课堂的主体，因此，老师应经常诱导学生通过自主练习独立地去探究、去积累经验和发展能力，变“要我练”为“我要练”。因此，本节课的竹竿舞练习部分，教师让学生根据音乐节拍和学习过的基本动作为基础，让学生自我探新的动作，鼓励学生大胆尝试和探究。

五、经验和教训

对于学生提出的建议、意见及教师本人突然想到的“小窍门”“小点子”等，教师要善于总结，不断积累经验，以便提高自身业务水平和教学效率。从本节课来看，教师在教学安排上比较新颖，学生练习起来比较积极，课堂气氛很好，这是本节课的亮点。但在进行“超越领跑”练习时，当学生出现极点，教师应予以鼓励，甚至教师应参加到学生的练习中去，对个别落后的队伍进行领跑，以此来带动学生的积极性，使学生尽快克服极点，从本节课来看，教师在这方面做得稍微不足。

总之，作为教师我们应在教学实施的过程中，着眼学生，抓住教学的契机，以启智激励学生主动思维的积极性，让学生在兴趣的基础上主动去寻觅、求索，这样才是一节好的体育课。

耐久跑教学的几点体会

耐久跑是初中体育教材中的一项重要内容，经常进行耐久跑练习对增强学生体质有着积极的作用，改善学生内脏器官功能，由于练习时间比较长，体能消耗大，加上练习方法比较单一，特别是女学生容易产生厌倦的心理，经常请假，训练不积极，影响到了耐久跑的教学效果。

为了解决这个问题，我采用以下几点方法加以推广，得到良好效果：

1. 加强教育和宣传，结合体育中考考试、结合耐久跑对学生身心健康的意义进行教育和引导学生，让学生慢慢认识到耐久跑对人体身心的重要性。克服厌倦和对抗的心理。

2. 要使学生能积极参与运动，就必须让学生在运动中体验到乐趣。因此，我运用趣味教学和采用多种教学方法。比如学校自然地形跑、结伴跑、图形跑、交替跑、跳绳练习法、队列练习跑、按体质分组练习、比赛练习法等等增加练习的趣味性，这样的练习使学生“错觉”到没有耐久跑距离长带来的压力，淡薄了学生对耐久跑练习的意识，消除了耐久跑练习的紧张感，从而降低了学生的心理负担，使练习氛围变得轻松、愉悦，并能收到较好的练习效果。

3. 教会学生用测脉搏来安排自己练习的运动强度。培养学生慢慢学会调控强度和运动量，教会学生自测运动负荷，培养学生学会科学地自我锻炼的能力，单单靠上课的练习是不够的，要充分让学生在课余活动中积极进行自我锻炼。养成良好的运动习惯。

心得交流：学生在正面教育的心理疏导下，在较轻松、兴趣性较强的练习中，慢慢体会到耐久跑练习的乐趣，让学生体会测脉搏的方法和作用，学会科学锻炼身体，锤炼意志、健康成长。

耐久跑教学心得

耐久跑练习简单易行，无须特殊的场地，在运动场上或在马路上，甚至在田野间、树木中均可进行，还无须特殊服装或器材要求。对场地器材要求不高，且能培养人吃苦耐劳的精神，对提高身体素质有非常好的效果，中学生参加耐久跑锻炼，不但能增进身心健康，而且对促进学习更有积极的作用。另外，初中生这个时期正处在各方面发育阶段。耐久跑对身体各个器官的发育有很大帮助，对于长期用脑的中学生来讲，是一种“积极性休息”，有利于心情舒畅、精神愉快。因此，对缓解中学生因学习压力带来的精神心理紧张十分有益。据医学专家介绍，这种轻松愉快的运动最能促进体内释放一种多肽物质——内啡肽，从而使人产生一种持续的欣快感和镇静作用，对提高学习效率有很大作用。同时，对提高意志品质、增强克服困难的勇气和信心更有特殊的作用。初中生总认为中长跑生理负荷量较大，动作单调枯燥易产生畏难情绪，怕跑或偷懒，不能认真练习等，自从学校推行冬春季中长跑活动以来，女生这种态度有了明显的改变，从而认识到耐久跑在学生中的锻炼意义。

耐久跑不仅可以提高人体心血系统的机能和耐力素质，而且还可以培养学生吃苦耐劳的精神和战胜困难的勇气。但有大部分学生对耐久跑课不感兴趣，甚至有畏惧抵触情绪。为了调动学生的积极性，本人在教学中采用了以下几种方法：

1. 在理论课教学上，向学生讲解耐久跑的重要性和日常锻炼方法。使学生从理论上了解认识耐久跑对人体有许多实质性的作用。向学生讲明为什么在耐久跑过程中常会出现一些生理机能不舒适的现象，从而消除学生对耐久跑的畏惧心理，树立明确的学习动机和积极的参与意识。

2. 在实践课上先让学生掌握好跑动中的呼吸方法：两三步一呼，两三步一吸。再利用慢速跑、中速跑、变速跑和定时跑等方法进行练习，让学生体会“极点”出现时的状况和处理方法，从而调动学生的积极性和主动性，让学生慢慢对耐久跑产生兴趣，不断提高教学质量和教学效果。

3. 在练习和测试过程中，不断在精神上给予学生关心和鼓励。采用“加油”“快点”“调整呼吸”“手臂大摆”“超越自己”等语言，提醒、鼓励学生完成老师布置的任务。特别是对那些身体素质较差，容易生病的学生，给予热情的鼓励和耐心的帮助，引导学生不断克服困难，挑战自己，能运用老师教给的耐久跑练习方法自觉进行锻炼。

心得交流：通过心理教育和实践教学相结合，大部分学生对耐久跑产生了兴趣和自信，能主动配合老师，完成布置的课内外练习内容，学生的耐久跑能力和成绩都有明显的提高。

跑操对学生身心健康的意义

跑操是一种运动，是一种精神，是励志活动，更是团队的展示。跑操不仅能锻炼身体，增强体质，提高抵抗疾病能力，更能培养我们的集体主义精神，同时也能提高我们的学习和工作效率。

一、潮州市高级实验学校跑操全过程

1. 准备阶段：下楼（下课时学生在班里行走至教学楼下）—小慢跑至操场指定地点（约5分钟到位）—仰天朗读（带朗读材料，先到先读，人齐齐读；注意站立姿态和举臂动作，约5分钟）—朗读结束—整理鞋带（10秒）—向左看齐、向前看。

2. 跑操阶段（全程音乐）：原地踏步结合大摆臂（约1分钟）—跑步（约7分钟，注重方阵队形紧凑、队列整齐，严控速度和步幅；做到步调一致，摆臂划一；口号响亮，朝气蓬勃）—原地踏步。（回原来指定地点，约2分钟）

3. 结束阶段：集体小结（约2分钟）—各班小结（约1分钟）—各自带回班级。（留约6分钟可返回教室）

二、跑操对提高学生身体素质的作用

1. 跑操可以提高学生身体素质，提高心肺功能，提高血液流动畅通。有利于塑造健美的身材，让学生显得更有朝气，更加精神饱满。

2. 通过1000米的跑操练习，能有效发展学生的一般耐力素质和身体整体素质。

3. 对于体育后进生培养特别重要，对无速度感，速度感差的学生，通过跑操收效快，有利于集体主义精神培养，精神上意义大于身体素质锻炼。

三、跑操对学生的心理健康作用

1. 通过跑操的有关规定和要求，增强学生集体意识、纪律观念、合作意识和团队精神。作为班级的每一位同学都必须履行自己的职责，控制好跑速和步伐，融入班集体，明确自己在班集体中的重要性，培养集体荣誉感。

2. 通过跑操过程中班级队形整齐，步调一致和喊班级口号，培养学生的自信心、自豪感和归属感。

3. 通过跑操可以转移注意力，释放学生学习压力，展示班集体的精神面貌，提升班级凝聚力和精气神，达到共同进步和集体主义精神培养。

体育项目的辅助性练习

我们学校现在面对的是市区的学生，大家都知道，市区的学生身体素质没有农村的好，大家也寻思怎么来弥补我们的缺陷。我们通过对中考体育项目的专项技术进行研究和教学，在学习的过程中渗透辅助性练习，成绩也明显得到提高。但学生在遇到技术难题时，我们往往注重在专项技术上进行指导，而忽略了辅助性练习上的指导。

什么是辅助性练习，辅助性练习就是为发展某一动作所需要的身体素质练习或达到积极性休息所采用的练习。

由于我们面对的是中学生，由于身体素质达不到技术课的标准，这就给我们的技术课教学增加了难度，所以我们在技术课教学过程中加入了辅助性练习。

一、辅助性练习的意义

1. 通过辅助性练习，再进行完整的技术教学，学生就容易掌握了，同时也减少错误动作的产生。比如：在前滚翻教学中，先练习前后团身滚动，进行原地蹲撑、低头团身的动作练习，再由一名同学蹲撑或单膝跪撑于练习者的一侧，一手扶住肩部，另一手扶髋部，顺势给予助力帮忙，学生掌握前滚翻技术就轻松多了。

2. 辅助练习，不仅提高了掌握技术的准确性，还增加了教学的趣味性，使本来枯燥乏味的重复练习，变得形式多样化、内容丰富化、练习简单化，能够使学生产生浓厚的学习兴趣。比如，在耐久跑的技术教学过程中，我们采用不同的教学手段和辅助练习，像小步跑、高抬腿跑、后蹬跑等，既改进提高了跑的技术，又增加了趣味性；采用变速跑、交叉跑、蛇形跑、障碍跑、跑操等相结合的辅助手段，提高了学生学习的积极性，使本来枯燥乏味的运动项目变得有趣味性，课题气氛也活跃起来，充分调动学生上体育课的积极性。

二、辅助练习的选定

1. 根据教材动作要领顺序选定相应的辅助练习。例如：跳远的动作顺序有助跑、起跳、腾空、落地。那么选择相应的辅助练习时，最好也按这个顺序安排。

2. 把教材的重点、难点当作突破口选定恰当的辅助练习。

3. 根据教材的共性和特性选定辅助练习。如教学生在标枪教学中采用打鞭练习甩腕法。

三、辅助练习应注意的问题

1. 选定辅助练习不恰当。

2. 辅助练习的次数过多或太少。

辅助练习太少致使动作还不熟练，不定型；辅助练习过多，把新授课变成身体素质训练课，冲淡了新授教材的学习，完成不了教学任务。

3. 辅助性练习在身体素质上的储备需要一定的时间。

辅助性练习不一定在学习某项技术之前才进行练习，学生进行辅助性练习多是因为他们专门的身体素质储备不足，从而影响他们学习某项技术。因此，学生在某方面的身体素质的储备需要一定的时间。

例如，学生学习跨越式跳高过杆，课前进行辅助性练习，很多同学就能轻松掌握过杆的技术要领，而背越式跳高过杆就没那么容易掌握其技术要领，因此，在学习技术性较强项目时可提前进行辅助性练习。

合理地使用辅助性练习，可以更进一步地提升我们中考项目的成绩。

如何把民间体育游戏融入到初中体育教学中

民间传统体育游戏来源于民间，根植于生活，它历史悠久，种类繁多，健身性、趣味性强，便于参加，便于普及。形式文明、健康、内容活泼。如：踢毽子、跳麻绳、掷沙包、滚铁环、打弹珠、斗鸡、老鹰捉小鸡、丢手绢、跳房子（跳格子）、兔子舞等等。民间传统体游戏来自人们的生产及生活实践，游戏简单易玩，丰富多彩，更具人类的理想和追求，也是人类集体智慧的结晶。

在体育课中，适当融入民间体育游戏，既可以增加体育教学的乐趣，又能培养学生的动手能力，既能活跃课堂气氛，又能有效地提高学生的速度、耐力、协调、灵敏、力量等身体素质。

针对初中学生和我校的实际情况，我们选择了掷布包、滚铁环、跳房子（跳格子）等民间游戏作为学校的特色来开展。

一、掷布包

1. 开展：体育课布置作业，让学生自带布包，择优利用。

2. 作用：掷远、掷准、练速度、练习反应、练习协调、小组竞赛。

二、跳格子

1. 开展：在操场找个平坦的地方画四个“格子”图案，方便学生课内课外进行练习。

2. 作用：练弹跳力、协调性、小组竞赛。

三、滚铁环

1. 开展：用铁丝做一个圈，然后再做一个长柄的铁钩子，推着这个铁丝圈滚着走。滚铁环的动作有一定的难度，需要一定的技巧。个人活动、集体竞赛均可。有50米或100米竞速、4×100米接力等比赛项目。

2. 作用：协调、灵敏、耐力等。

体育课的安全教育

一、课前的注意事项

1. 上课前清理所用运动场地的杂物等地上危险物品，以免出现意外事故。

2. 教师课前应细致检查上课场地、器材，及时排除安全隐患，防患于未然。检查所使用器材的安全性，是否存在安全隐患，如哑铃、杠铃、体操垫、跳绳等器械，特别是体操项目的器材。

二、课的准备部分注意事项

1. 上体育课时要求学生不要佩戴校章，裤袋不要装钥匙等物品，女生要注意不穿戴首饰等。

2. 规定学生穿运动服、运动鞋，以免滑倒损伤或者不必要的拉伤。

3. 每节体育课必须做好充分的准备活动，特别是各个大关节的活动。因为充分的准备活动，更能有效地、全面地锻炼学生身体，能更好地投入各项体育活动，更能有效地避免一些一般性的伤害事故的发生，如扭伤、拉伤等准备活动，同时还应根据运动项目的不同，重点加强某部位的活动，比如急行跳远，就必须加强下肢关节，如踝关节、膝关节等部位的活动。

三、课的基本部分注意事项

1. 根据上课内容和要点，对学生进行安全的教育，讲解本课的安全重点和自我保护措施。

教师上课时对教学内容应有预见性，哪些技术动作容易出现问题，要让学生明白什么是安全的，重点注意哪些问题。如：打球的时候注意别把球丢到同学头或脸部；跑步的时候强调不能倒过来跑、不能一边跑一边嬉戏；不能在没有老师在场的情况下使用举重、哑铃、铁饼等运动用具等。

2. 教师示范时，提前向学生讲清楚体育教材的功能以及危险性，一定提醒学生注意安全，以防伤害事故发生。同时规范动作要领，严格练习纪律，明确运动信号，比如手势，哨声，口令等，以免出现因为技术动作的变形，组织教学的失误和纪律性差造成学生的拉伤、擦伤、脱臼等伤害事故。

3. 加强课堂管理，严肃课堂纪律，使学生集中精神上课，更有利于安全教育。严格遵循运动规律，培养良好的运动习惯。

4. 在规定的时间、规定的地点或范围进行规定活动内容，教使学生的活动在老师的视线范围内。

四、课的结束部分注意事项

做好放松运动，尽快恢复体力和心率，减少疲劳所导致的受伤。

体育课容易出现的运动损伤以及应急处理

在体育课上课过程中比较容易出现的运动损伤有擦伤、肌肉拉伤、腰扭伤、关节扭伤、脱臼、挫伤、骨折、运动疲劳、重力休克、关节炎、腰肌劳损、胫骨膜炎等。引起这些运动损伤主要有两个原因，一个是主观原因，另一个是客观原因。主观原因有准备活动不充分，注意力不集中，身体状况不佳，情绪低落，恐惧心理，技术不熟练，运动量过大；客观上原因：场地条件不好，天气恶劣，保护帮助不力，运动器材故障，其他突发原因。

如何避免和预防运动损伤呢，运动前要传授预防损伤的知识，课前讲清楚本节课容易发生的安全问题以及注意事项，检查场地、设施器材消除安全隐患避免环境带来的危害，着装要合理，身体不适的要求见习；运动中要做好准备活动，运动量适中，要遵循循序渐进的原则，要遵循动作技术要领，重视保护与帮助，遵守课堂规则要求。老师要事前预见到容易出现运动损伤，特别是有些学生隐瞒病情，老师在接手新生后要多观察学生，特别是跑完后脸色发白的，要家访深入了解情况。作为老师要感知你的课最糟糕会出现什么问题，要针对性讲解和针对性练习，注意安全教育，不单单口号，还要讲到具体，如打篮球过程中特别要强调注意的是不要踩到同学的脚，因为这样就容易出现踝关节扭伤等等之类具有实际指导意义的针对性安全问题，学生才容易理解和避免出现这样的安全问题。要讲解清楚在体育锻炼过程中出现一些身体生理反应现象，如新生集会站久了会出现晕倒这个现象，是因为血液有“唧筒”功能引起的。所以跑完步后应该原地踏步或慢走，才能使血液循环更快恢复正常。如耐久跑锻炼时会出现“极点”情况，但会随着体能增强会推迟，所以有问题的学生多多少少都有迹象表现出来。课堂上老师应多加注意和防范。

如何应急处理运动损伤：如摔倒擦伤的可以让学生送到卫生室进行处理，清洁创面，伤口消毒；肌肉拉伤、骨膜炎可以自行处理轻抹正骨水；关节扭伤的要终止运动，进行冷敷，加压包扎，抬高患处。然后安排班主任联系家长送医院进行治疗；跑后晕倒的要分是低血糖和低血压。低血糖的脸白手抖，要及时补充葡萄糖水；血压低的脸白，眼前发黑，可以通过头低脚高，让血液回流多点到大脑，改善大脑血液供给。骨折的要有专业性进行固定，不要乱动，第一时间联系家长送那家医院救治再送医。让家长选择对于他们家比较方便的医院。

老师还应该做好课后跟进，了解学生，关心学生，指导学生，得到学生的信服和尊敬。

不同运动项目的准备活动

体育课的准备活动是体育课堂教学中的一个重要环节，也是一堂完整体育课不可或缺的教学步骤。准备活动完成得好坏直接影响到一节课的完成情况，对能否上好这节课有着重要的影响。

一、准备活动的作用

1. 尽快把学生的思想注意力集中到体育课堂上来。

2. 迅速地进入体育教学的身体状态中，把学生从事体育运动的积极性充分调动起来。

3. 提高肌肉温度，克服肌组织的黏滞性，预防运动损伤的发生。

二、不同的运动项目的准备活动不同

不同的运动项目的准备活动在练习时间、练习强度、练习身体部位、练习内容、不同练习环境及组织形式等方面都存在着较为明显的差异。

1. 准备活动的练习时间不同：不同项目的准备时间不同，如耐久跑比短跑的热身要长些。

2. 准备活动的练习强度的不同：如田径的短跑比耐久跑的强度要大。

3. 准备活动的练习身体部位不同：篮球准备活动中是以全身的各个关节为主，而速度滑冰上肢运动较少，主要注重的是下肢的准备活动。

4. 准备活动的内容不同：排球传球、垫球和发球的练习；田径的短跑做一些小步跑、高抬腿、后蹬跑、加速跑等练习。

5. 不同环境及组织形式等方面也存在不同：不同的项目有着不同的专门练习，对较复杂的技术动作或是受伤或负担重的部位应重点多做一些活动。

精彩的结束——多样化的整理运动

放松整理运动的意义与作用：一节体育课的基本框架是由准备部分、基本部分、结束部分三个部分构成的，结束部分也是放松整理运动。由此可见，放松整理运动在一节体育课中是不可缺少的，若体育课没有及时地进行整理运动，训练过程中所积累的疲劳就无法得到缓解，这样就会影响到学生成绩的提高。另外，学生的中枢神经处于兴奋的状态，也会影响到下一节文化课。

一、常见的几种放松整理方法

1. 肌肉放松恢复法：一般大运动量训练结束后多以放松慢跑的肌肉放松为主，它可以促进体力和身体机能的恢复，使人体由紧张的运动状态逐步过渡到放松状态，缓解由运动训练带来的肌肉酸痛。肌肉放松恢复法是恢复训练中最基本与常用的方法，也是目前应用最广的恢复手段。

2. 静力性拉伸放松法；静力性拉伸放松是由静止开始，缓慢地将所要放松身体部位的肌肉韧带拉长，达到一定程度后静止不动，并保持拉长状态一段时间。在剧烈的训练结束后，让运动员进行拉伸练习，这样就可以使运动员的僵硬疲劳的肌肉得以放松，促进血液循环，并调节紧张的心理。

3. 舞蹈放松法，舞蹈作为运动后整理放松的手段，已被人们重视和广泛运用，并收到了良好的效果。它内容丰富、形式活泼轻松、舞姿优美奔放、节奏明快和谐、韵律感强，配上轻缓悠扬的乐曲，既能解除运动后的紧张状态，减轻疲劳感，又能活跃课堂气氛，符合青少年身心发展需要。

4. 游戏活动放松法，游戏整理是整理活动的重要内容之一。它具有内容丰富多彩、形式生动活泼、题材新颖别致、课堂气氛活跃、趣味性强、放松效果好等特点，练习无拘无束，备受师生喜爱。

5. 按摩恢复法，根据运动训练的强度大小与训练内容的不同，按摩的轻重、手法及持续时间也不相同。按摩可分为全身按摩和局部按摩，全身按摩时重点按摩大运动量训练时作用的大肌肉群，同时可以辅助穴位以及韧带的按摩，促进机体更快恢复。

6. 热水浴与桑拿浴恢复法，桑拿浴能加速运动员的血液循环、缓解疲劳，使运动员身心愉悦，同时可以提高运动员的睡眠质量，对大运动量训练结束后的快速恢复体力特别是力量训练结束后的体力恢复尤为有效。部分学校由于资金等问题无法进行桑拿浴时，用热水浴或泡脚也能起到缓解肌肉酸痛的作用，热水浴及桑拿浴也是中长跑大运动量训练后的恢复经常采用的恢复手段和方法之一。

7. 心理放松法，近年来，心理放松法作为运动后恢复体力、消除疲劳的手段，已受到人们的重视并被广泛采用。心理放松具有方式独特、内容新颖、形式多样、使人注意力高度集中、放松效果好的特点，易记易学，不受场地器材的限制，适合于各级运动员和学生。

8. 气功放松法：运用气功放松原理进行放松，是近年来新的尝试，其特点是将人体调整进入气功状态，结合默念“松”，逐步使全身自然、轻松、舒适、注意力集中，排除杂念，从而调和气血，协调脏腑，疏通经络，以达到身心放松的目的。

二、放松整理运动中应注意的几个问题

1. 要使学生了解放松整理运动对消除疲劳的意义和作用，学习并掌握正确的方法，积极配合老师以收到良好的效果。

2. 放松整理运动并不仅仅局限于一节课的结束部分，有时在课间也可适当进行整理运动。例如在进行多组中长跑训练时，每组完成之后应有一些原地踏步等整理运动，让学生的生理和心理及时进行恢复。

3. 根据课程内容的不同，采取相应的放松方法，使重点受力的部位得以放松。

4. 根据上课的强度和运动量，确定放松时间的长短，运动量大放松时间要

长，反之要短。

5. 放松整理的方法尽量多样化和游戏化，避免单调乏味。

6. 根据学生身体练习活动的部位，进行相应部位的肌肉、关节、骨骼的放松。

7. 放松部位要全面，避免久之发生局部增长过快。

8. 根据性别特点影响恢复能力，女学生明显地要比男学生恢复速度慢这一特征，要更加注意女学生的放松整理活动。

9. 因为季节、气候能影响机体恢复的速度，温度越低越要注意放松整理的效果。

10. 若能伴以轻松优美的乐曲放松的效果会更好。

总之，一节高效优质的体育课如果采用适当、合理的整理放松方法，不仅可有效提高课堂教学效果，还可最大限度地解除学生的机体疲劳。在体育教学中，我们应针对不同教材灵活地采用不同的整理放松方法，使学生在不同强度、密度的体育教学过程中感受到有效整理放松带来的良好效果，改善了教学的呆板、机械，增强了教学的新鲜感。

主动拉伸的作用

所谓的主动拉伸，就是指主要依靠收缩肌肉的力量，而不是其他外力使动作保持在某一个特定的位置上，所以，主动拉伸，又叫作静力–主动拉伸。主动拉伸的好处是可以增加动作的柔韧性和收缩肌肉的力量，例如，单脚站立，将另一条腿上抬，保持此姿势不动就是一个很标准的主动拉伸。

一、多做拉伸运动的好处

1. 有利肌肉。

做拉伸运动可以锻炼身体特定部位的肌肉，既可以让肌肉更加紧致，让身材的线条更加完美，也可以缓解身体的紧张状态，让身体更松弛。在运动之前，适当做做拉伸运动可以让肌肉更有承受力，防止运动中的扭伤等现象。

2. 让动作更优美。

做拉伸运动可以让身体更加自如地运动，可以提高动作的协调性和身体的柔韧性，不至于随着年龄增加，动作僵硬。

3. 对身材的保持作用良好。

女性常做拉伸运动消除身体局部脂肪，对具体部位的减肥有很好的作用。常做拉伸运动的女生身材会更加苗条，更加匀称好看。

4. 运动前的拉伸作用。

拉伸的好处可以分为短期与长期两种。一是短期作用，可以立即让肌肉得到放松，缓解肌肉的僵硬、疼痛。二是长期作用，长期拉伸会让肌肉具有更好的弹性，使它能被拉得更长，这可以增加关节活动幅度，提升身体的柔韧性。

5. 运动后的拉伸作用。

拉伸能提高血液循环，健身进行力量训练的时候，肌肉会充血，充分的拉伸能有效地让血液循环起来。

拉伸能排出乳酸堆积，健身后肌肉里面会有部分乳酸堆积，尤其是长时间不运动的人，肌能力下降，训练后的第二天肌肉酸痛，一部分是因为延迟性酸痛，另一个原因就是乳酸堆积，而在训练后适当拉伸可以让身体更健康。

二、方法

拉伸运动技巧：坐在地上，双腿并紧伸直，勾脚，双手慢慢地拉住你的脚掌上身微微往前倾，尝试把脚后跟拉离地面一点点，3秒钟后放下，再来。重复10下。

附录

学生心得体会

那一刻，我迈上了新台阶

高级实验　佘丹阳

山脊间，一团团野草紧紧地抓住山脊，藤蔓一直缠绕着，不断地向山顶上攀爬，也就是这些不起眼的野草藤蔓，成为登山者的“好帮手”。它们依靠自己那顽强的生命力和不屈的意志，不断地向上攀爬……

还记得那是一个寒冷的冬天，操场上狂风大作，树枝在放肆地舞动，把天空划得支离破碎。望着那满地的落叶，时不时地被大风卷起，从脚底不禁有一丝丝的凉意蹿上了心头。

体育课上，老师命令我们脱掉外套，开始训练冬季长跑。大家议论纷纷“这么冷的天还长跑……”这时，有几个同学已经带头脱掉外套，开始训练长跑。我的耳边回荡起母亲的叮咛“做人要有意志，无论什么事都要勇敢地去尝试，坚持就一定会胜利！”

于是，我鼓起勇气和信心，也开始随同学进行长跑训练。狂风在耳边放肆地怒吼，我坚定不移地一步一个脚印跑下去。天空有点白灰，虽然操场很寒冷，但是我仍然能感受到同学们那一股股热情。时间一分一秒地过去。一圈……两圈……三圈……

我的双腿已经被冻得麻木，手臂被寒风刮得冰冷到骨里，开始有点不听使唤。我继续在操场上奔跑，脑子里一片空白，只剩下两个字“坚持”！这一刻，我不断地在心里默念“坚持”，我不断地告诉自己，就剩一圈，就快要到达终点了，再坚持一下我就成功做到了！

耳边是狂风的怒吼声，夹杂着同学们隐隐约约的“加油”呐喊声。四肢被寒风冻得似乎没有了知觉，就快到要到达终点了，我告诉自己“坚持！坚持！再坚持！”内心有着一团热火在不停地涌动，“三、二、一，冲刺！”那一刻，也不知道哪来的力气，还能到最后一刻冲刺下去。我终于做到了！这是我第一次长跑800米，而且是在寒冷的冬天。这个成绩是我自己一步一个脚印跑出来的，虽然不是很优秀，但至少我胜利了！我战胜了自己的软弱！

冲向终点的那一刻，我感觉到有一束阳光在温暖地照耀着！那一刻，我战胜了自己！那一刻，我迈上了新台阶！

在跑步中成长

高级实验　文苑钰

清晨，伴着丝丝凉风，在乡村马路上小跑，周围花草缓慢走过。不知不觉，已到了小学学校旁边。放眼望去，哇，新建的跑道映入眼帘，不禁打开我的记忆之窗。

刚步入中学的我最厌倦体育课，因为那长跑实在太令我难以接受。我是一个胖女孩，可想而知长跑对于我来说是痛苦的，是那样可望而不可即。记得有一张问卷调查，里面有一项说对长跑的认识，而我毫无疑问地选择了“可以减肥”一项，难道长跑不正是为了减肥吗？不，多次亲身体验使我否认了我原先的观点。

那800米的考试，对我来说简直就是一个晴天霹雳。“去吧，你可以的。”同学的一声鼓舞使我信心大增，坚毅地跑了两圈，第三圈开始，我早已气喘吁吁，面红耳赤了，不行，太累了，我慢下了脚步，甚至走来不跑了。“别停下来，再去吧，你可以的。”同学的鼓励使我再次迈开脚步，冲向终点，4′37″，天哪，一个不及格的分数已压倒了我，我失去信心了，无论同学们怎样鼓舞，我都无动于衷，放弃了。可当我转身想走时，一个小小的身影映入我眼帘，她还没跑完全程，依然坚持着，坚持着，终于冲线了。我打心里叹息不如，可又没有勇气再跑，唉，算了，我怎么可能成功呢？“相信你自己，你是可以的。为什么要放弃呢？”一个同学微笑走来。是啊，为什么要放弃，有提高就行，我要补考。于是，我再次踏上跑道，奔跑起来，脑海浮现那个小小的身影，“留得青山在，不怕没柴烧”。终于，我在满头大汗时冲线了，4′20″，有提高，顿时间，觉得身体轻松了许多，“不错嘛，都说你可以的”。同学走过来，我报以一个微笑回答，这次，让我懂得了许多。

接下来的几次，我的成绩有了提升：4′17″、4′15″、4′12″、4′07″，我不断肯定自己，与此同时，老师也不断激励着我，“像你这样，是可以跑进4分钟内的，要相信自己”。凭着老师的信任，同学的鼓励，自己的肯定，我信心满满，不断坚持着，终于，功夫不负有心人，我成功了，3′58″，老师同学都笑了，我也轻松了许多。

经过这几次跑步，我改变了对跑步的看法，我觉得心里很轻松，体质也增强不少，意志更是坚强了许多。原来，跑步不仅是为了减肥，最重要的是锻炼身体和磨砺意志。跑步，使我受益匪浅。我就这样在跑步中成长着。

终于，一束阳光刺入我眼睛，把我从记忆中拉了回来。于是，我坚定地迈开了脚步，跑向前方，跑向家门，跑向理想……

我的心得

高级实验　裴师婷

我曾经患有肋间神经绞痛，经常发作，轻则不能动弹，如同万针同刺，重则不能呼吸，甚至因此睡上好几个小时，当时我因此一个学期没有上体育课。

后来在老师的建议下，我去上体育课了，在老师安排的任务中，如400米，开始我只跑，慢慢跑200米左右，后来慢慢增加，到最后跑800米时，老师安排同学陪我，在同学们后面慢慢跑……

如今一年过去了，我的身体也恢复得很好。我本以为体育运动没什么好处，现实却出乎我的意料。

运动有利于健康，有利于提高身体素质，生命在于运动！

关于冬季长跑

高级实验 吴娴儿

进入初中生活，体育世界的丰富让人耳目一新。体育锻炼很健康，这是真理。无形之中你便多了一层保护层，感冒咳嗽这类小病很少在你身上发生，于是才有更多精力去拥抱学习。体育课会很充实，痛的累的已是其中一部分，跌跌撞撞的才叫生活。尽管淌着大汗喘着粗气，但头一抬就看见不远处的伙伴，那些要一起过初中三年的人也在努力着，初中的意义在这瞬间变得特别唯美。冬季长跑比赛让我第一次真正触到了比赛的竞争性，跑啊不顾一切地向前跑，人生就变得特别简单。课后的慢跑是种享受，携个好友悠悠地跑，纯纯的友谊、纯纯的脚步声。体育锻炼使身体健硕，思想与精神也会愈进一步。感谢体育运动让初中这般美好！

在赛道上奔跑

高级实验　张湘婉

在阳光下，迎着风，尽情地奔跑吧……

——题记

作为高实的一名学生，在这三年中，因为生病，我有一个学期没有在学校上课，所以后来才又复读了初二一个学期。到现在，我已是初三的一名学生。在这一年中，我的体质提高了不少。

重新回到了学校以后，我知道了体育要计入中考成绩这件事，所以我觉得我要加倍努力，而且我们的体育老师也很严格。我们每节体育课都有任务要完成。老师总会把任务写在一块黑板上，叫我们来了就找黑板。一般都是先慢跑400米，然后做5至10组的循环练习。比如高抬腿跑、踢腿、交叉跑、正压腿跑等，老师说这样成绩才会提高。我虽然不是最认真的，但我有努力去做，做完后，我们还要做其他运动。比如蛙跳，跑50米，或者仰卧起坐，之后再做放松运动，压腿5分钟或轻松跑一圈，每一节体育课，老师都充分利用，我们的体能也提高不少。

到了学期末，还会有考试。800米考试是最累人的，在初二上学期时，我没跑出好成绩。但到了初三，我有了很大进步，这都得益于老师的训练。在初二考50米跑时，我只差0.1秒就可以考满分，在只有几个人就考试结束时，我思考要不要再跑一次，最后我鼓起勇气，又跑了一次，终于得到了满意的成绩。我的弱点是立定跳远，不管我怎么跳也跳不好，在考试时，我在老师的指导下，终于跳出了较好的成绩。但我仍需继续加强锻炼，跳得更远。

在复读之前，我的成绩比较中庸，但现在我的成绩好于中上层，这有一部分原因也是因为我的体质提高了，更有精力学习了吧。

就如学校操场上那二十一个字一样“每天锻炼一小时，健康工作五十年，幸福生活一辈子”。我们要学会重视体育锻炼，只有身体健康才是本钱，才能完成，做好其他事情，体育给我们的快乐和用处是无穷的，是会终身受益的，所以我们要加强锻炼，才会健康成长，所以让我们在阳光下，迎着风，尽情地奔跑吧！

记忆中的长跑

高级实验　张丰桦

在上小学的时候，因学校操场需建学堂的原因，所以体育课改为其他文化课或是自由活动。而课余的时间我又几乎不曾锻炼，从而导致了升上初中的我体育成绩与身体素质远远不如其他同学。在很长的时间里，体育课几乎快成了我的噩梦。看着别人很轻松地跑完了800米，而我却跑不到一半就累得气喘吁吁，双腿发软不听使唤；无论是耐久跑还是其他项目，明明很认真很努力，拼上了自己所有的力量，累得奄奄一息却换来那令我失望的达不到水准的成绩。为此我感到很苦恼，但是，我又不甘心就这样放弃，因为我还没有真正地花时间与精力去拼搏。

于是我开始拟订计划。在放学后去操场练习。一开始并没有迫使自己跑800米，只是绕着操场跑上两圈或三圈，也没有去追求时间，但一定要有规律地跑。有时，也有朋友陪我一起跑，当我在很困难想要放弃时激励我，使我咬着牙挺了过去。这不仅是在锻炼耐力，更是使我的意志力得到很大的提高。在学习压力大任务繁重想要放弃时，总会默默地激励自己，800米这么困难都挺过来，难道在学习上就过不去？慢慢地，增加了每次跑的量，也开始计时。我似乎也渐渐地掌握了一些小技巧，例如：在跑的时候尽量不要快速地呼吸，应该尽量地要将呼吸保持一定的频率，深吸慢呼；步子也尽量大些，如果步子太小，跑得就久，也更容易累；在跑的过程，如果其他同学超过自己，一定不能慌乱，要更加镇定，一定要给自己心里鼓励与暗示，让自己放松去跑。同时也渐渐地克服了起初对于耐久跑的恐惧心理。

就这样，一段时间下来，我发现自己有了很大的进步，无论是生理上或心理上。我的肺活量提高了，不会运动起来没有多久就气喘如牛；本来身体比较虚弱的自己也变得不再那么容易生病。在学习上，我更加认真，因为我懂得了坚持不懈，只要肯付出，只要肯努力刻苦，那么就没有你想做却做不到的事。

对现在的自己，我充满了信心，虽然目前的成绩还较为一般，但我克服了胆怯的心理，这说明我已经迈出了一大步。我想，只要我坚持下去，那么总有一天，我会实现那个目标，更好地证明我自己。